イッチョマエ！が誇らしい

子どもとつくる

子どもとつくる保育・年齢別シリーズ

3 歳児保育

加藤繁美 監修
Kato Shigemi

塩崎美穂 編著
Shiozaki Miho

ひとなる書房 HITONARU SHOBO

もくじ

子どもとつくる3歳児保育──イッチョマエ！が誇らしい

序　　　喜びと希望を紡ぎあう保育実践の創造にむけて　加藤繁美　6

第Ⅰ部　3歳児の発達と保育の課題　13

第1章　うれしさと楽しさを身体にたくわえる子どもたち　14
── 「おもしろいことが大好き」な3歳児の発達をとらえる

1　「イッチョマエ」が誇らしい ── 3歳児の「感情」　16
2　「キョトン」とする驚きに秘められた知性 ── 3歳児の「論理」　23
3　うれしさや楽しさの源泉としての「ボーダーレス」な感覚 ── 3歳児の「認識」　29
4　3歳児保育の課題──「おもしろいことが大好き」な心を育み、子どもとともにおもしろい毎日をつくる　38

第2章　段差を越える子どもたち　40
──「おもしろさ」に向かうための安心の基盤を築く

1　ぶつかり合っても大丈夫 ── 保育者とつながっている安心感の中で心地よい修復経験を積み重ねる　43
2　違っていても大丈夫 ── 一人ひとりの「今」が尊重される実感の中で仲間への思いを育む　51

第3章　いくつもの時間を生きる子どもたち　61
── 多様な「おもしろさ」が息づく毎日をつくりだす

1　ほぐれる時間 ── 心地よく人とつながるおもしろさに身体をゆだねる　62
2　つくっている時間 ── 手ごたえのある「かけがえのない」おもしろさに没頭する　68
3　なりきる時間 ── 虚構の世界で遊びながら真新しいおもしろさと出会う　78

実　践　忘れられない1年（鈴木里絵）　59
column　3歳児と楽しむアート体験（太田絵美子）　76
column　夢中になれる園庭（木村歩美）　84

第Ⅱ部　3歳児クラスの実践の展開

第1章　子ども自身が新しさを発見する「探索・探究」を大切にする保育　87

1　「生きものをつかまえる」実践　87
2　生きていく土台になる「自ら探索する時間」　93

第2章　おとなが築いてきた「文化」を伝えつつ子どもとつくる保育　98

1　保育者が子どもに渡す〈自分を越え出る「物語」〉　98
2　身体を動かすというアート —— リズムあそび　115

第3章　おとなの支えのもとで子どもたちが「創造的」な時間をつくりだす保育　120

1　身体の声を聴く —— 「排泄の自立」へ　121
2　身をもって知る —— 「食」のプロセスを保育に取り込む　127
3　安心の土台から仲間といっしょの心地よさへ —— 3歳児の「創造的で協同的な活動」　134
4　もう一つの「創造的で協同的な活動」—— 3歳児の「いたずら」　142

column　自然と出会う・命にふれる（宮武大和）　96
column　絵本が教えてくれる「外あそび」の魅力（磯崎園子）　114
column　「リクエスト給食」は民主主義のはじまり（島本一男・大塚英生）　133

第Ⅲ部 3歳児クラスの保育をデザインする
―― 仲間とともに保育をつくる保育者の倫理と教養

第1章 「保育はやっぱりおもしろい」をおとな同士が共有する　146
―― お互いの保育を信頼し合う

1　「おもしろさ」が生み出される職場環境 ―― おとな同士でおもしろがる　147
2　上意下達(トップダウン)ではない保育者仲間のつながり ――「おもしろがる」とは「決めつけない」こと　155
3　複数の保育者による保育実践をつなぐ ―― 同僚を自慢する心もち　160

第2章 「自分の保育」ができる意味　166
―― 失敗をおそれず実践し「次」を自分で考える

1　笑って保育をしていますか？ ―― 新人保育者が本音を出せる職場　166
2　保育者だって揺れていい ――「1人で保育してない」ことを感じながら　173

第3章 大事なことについて考える保育者の"教養"　179
―― 排除のない社会に向かう「保育」の役割

1　地域に生きる保育者 ――"当たり前の日常"をこそ支える　179
2　保育の場で耕す社会正義 ―― すべての人の「その人らしさ」が守られる世界へ　186

あとがき　190

序
喜びと希望を紡ぎあう保育実践の創造にむけて

❶ 「物語」を生きる幼児たち

　小さな子どもたちの生活は、たくさんの「物語」であふれています。
　周囲に広がる世界に「驚き」と「不思議」を感じる子どもたちは、その「驚き」と「不思議」の世界に「意味」を見出し、そうやって見つけ出した「意味」と「意味」とをつなげながら、世界に「物語」を見出していくのです。
　いっしょに生活する仲間の中に「心」があることを発見した子どもたちは、そうやって発見したさまざまな仲間の「心」と対話しながら、人と人との関係が綾なす社会を生きる、自分の「物語」をつくりだしていきます。
　そして自分の中に「心」が存在することに気づいた子どもたちは、自分自身と対話しながら、毎日の生活を送るようになっていきます。幼児期に出会うさまざまな「人生の分岐点」を、自分らしく悩み、考え、選びながら生きていくのです。そんな経験を重ねながら、自分らしい、かけがえのない「人生の物語」を紡いでいくのです。
　もちろん、集団保育の場で生成する子どもたちの「物語」は、子どもが一人で、孤独につくりだすものではありません。仲間の中で、仲間とともに、その社会を構成する一人として社会の営みに能動的に参加しながら、自分の「物語」を紡いでいくのです。つまり、仲間とつくる「集団の物語」と深くかかわりながら、それぞれの子どもの「自分の物語（個人の物語）」がつくられていくのです。
　そしておそらく、「個人の物語」のアンサンブルとして「集団の物語」がつくられていくとき、それぞれの子どもの中に、すてきな「育ちの物語」が紡がれていくことになるのだろうと思います。

ブラジルの教育学者パウロ・フレイレは、そんな形で展開する発達と教育の関係を、次のような言葉で表現しました（『希望の教育学』里見実訳、太郎次郎社、2001年）。

　　誰かが誰かを教育するのではない。
　　自分が自分ひとりで教育するのでもない。
　　人は自らを教育しあうのだ。
　　相互の交わりの中で。

　保育者が子どもを一方的に教育するという考えの誤りについては、もうここで改めて語る必要はないでしょう。そしてそれと同じように、子どもが勝手に大きくなるという考えの誤りについても、多くの言葉を要しないと思います。
　保育者と子どもの関係も、子どもと子どもの関係も、互いに尊重し合う相互のかかわりの中でつくられていくものなのです。そしてそうした相互の交わりを通して、子どもたちはその子らしく、すてきな人間に育っていくのです。

② 「参画する主体」として発達する幼児たち

　重要な点はその場合、一人ひとりの子どもが要求をもち、その要求を表現する「声」をもった「主体」として存在することを、保育実践の基底部分にしっかり位置づける点にあります。そしてそうやって発せられた子どもの「声」をていねいに聴き取り、その「声」を起点に保育実践をつくりだしていく点にあります。
　もちろん、ここでいう子どもの「声」とは、子どもが話した「音声」のみを指しているのではありません。まだ言葉をもたない乳児たちの「声なき思い（要求）」を含め、声としては表現されない、さまざまな子どもの思いを受け止め、その思いを正当に評価する保育実践の創造が、私たちには求められているのです。
　そんな子どもの姿を、本書の中では「**参画する主体**」と位置づけています。子どもの「声」を大切にする保育は、園生活の内容を決定する営みに子ども自身の参加・参画を保障する保育でもあるのです。
　もっとも、いくら幼児を「参画する主体」として位置づけるといっても、「参画」のレベルは年齢・発達段階によって異なります。乳幼児は、社会の営みに参加・参画する権利を保障される生活の過程で、参加・参画する能力を身につけていく存在でもあるのです。
　このシリーズでは、各巻の**第Ⅰ部**において、そうやって「参画する主体」へと育っていく

乳幼児の姿をそれぞれの年齢ごとに描きだしています。たとえば、本書を含む3歳から5歳までの「幼児巻」では、次のように特徴づけて論じています。

- 「おもしろさ」を求めて活動する3歳児
- 「思考する主体」として活動する4歳児
- 「参画する主体」として活動する5歳児

　もちろん、階段を上るように、1つの段階から次の段階へと単純に移行するというのではありません。3歳児だって「参画する主体」として尊重される権利を持っていますし、5歳児だって「おもしろさ」を求めて活動する側面を失うわけではないのです。ただその場合、保育の中で子どもたちに保障する生活と活動のポイントがゆるやかに移行していくことを表現しているだけなのです。

　周囲に広がる世界に「驚き」と「不思議さ」を感じながら、世界をおもしろがって生きる権利を、3歳児にはたっぷりと保障したいと思います。「集団の物語」に早くから順応することを求めるのではなく、それぞれの子どもが、その子らしい感じ方を大切に生きる権利を保障することが、3歳児には重要なのです。

　これに対して、関係を生きる力が育つ4歳児は、世界を「科学」し、「哲学」しながら生きるようになっていきます。モノとモノとの間に、自分と他者との間に、そして現在と未来との間に関係があることを知った4歳児は、そこにある関係に論理を見出すようになっていくのです。だから4歳児は、けっこう理屈っぽく生きるのです。

　5歳児を「参画する主体」としたのは、集団に責任を持ち、仲間と協同する力が育つこの時期に、子どもの意見を最大限尊重する保育をつくりだす必要があると考えたからです。プロジェクトとか協同的活動といった言葉で表現される、仲間と未来を切り開く活動に本格的に向き合うスタートラインに立つのが、5歳児保育なのです。

③ 「子どもとつくる保育」を構成する4種類の生活・活動

　こうして、一人ひとりの子どもの「声」に耳を傾け、そうやって聴き取られた「声」を起点に実践をつくりだしていく営みを、このシリーズでは「子どもとつくる保育」と呼んでいますが、そこで大切にされているのが、活動の発展方向を子どもと保育者がいっしょに決めていく「参画」の関係なのです。つまり、**保育計画をつくる営みに、子どもたちが「参画」する保育実践が「子どもとつくる保育」**なのです。

図　保育実践を構成する4つの生活・活動の構造

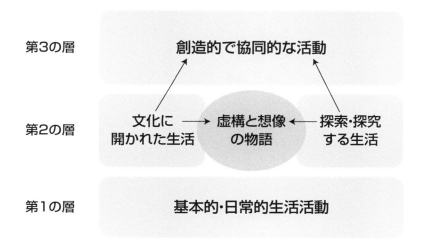

　もっともそうはいうものの、園で展開されるすべての生活・活動が、同じような「参画」の形をもつわけではありません。保育者の決めた活動に子どもたちが「参加」することもあれば、子どもが自分でおもしろいと思う活動に、ただ没頭する時間だってあるのです。
　たとえばこの本の中では、子どもたちが経験する生活・活動を4種類に分類し、さらにそれを3層構造で整理していますが（図）、ここに分類した4種類の生活・活動は、内容の差異だけではなく、「参加・参画」の4つの形態を表現しています。
　たとえばこのうち最上部に位置する〈創造的で協同的な活動〉が、子どもの声を起点に、子どもたちの「参画」で活動をデザインし、つくりだしていく、「子どもとつくる保育」を象徴する活動ということができます。主体性と協同性とを響かせながら、創造的で協同的に展開していく保育実践は、まさに「参画」する幼児たちの力が存分に発揮される保育の姿だといえるでしょう。
　これに対して第2層に位置づけられた〈探索・探究する生活〉と〈文化に開かれた生活〉は、子どもたちが経験する園生活の二本柱として機能しますが、前者が子どもの自主性・能動性を基本に展開していくのに対して、後者は保育者が準備し、計画した文化・文化財（絵本・紙芝居・うた・手あそび等）との出会いに、子どもたちが「参加」する関係を基本にしています。
　もちろん、これらの生活・活動は完全に独立した活動として組織されるわけではなく、相互に関連し合いながら、毎日の生活を形づくっていくのです。自然発生的に生まれる「ごっこあそび」の世界は、〈探索・探究する生活〉と〈文化に開かれた生活〉とが絡み合い、融合しながら、3歳児・4歳児の世界に広がっていきます。図の中ではこうして広がっていく幼児

の活動を〈虚構と想像の物語〉と整理していますが、変幻自在に生成するこの活動は、第2層の2つの生活をつなぎ、第2層と第3層とをつなぐ活動として機能することになっていきます。この〈虚構と想像の物語〉を結節点としながら、第2層で生成した活動を〈創造的で協同的な活動〉へと発展させていくことになっていくのです（ただし、活動間の結節点として機能する性格から、4種類に分類した生活・活動とは別枠で保育構造に位置づけています）。

　これら3種類の生活・活動の基盤に位置づくのが**〈基本的・日常的生活活動〉**です。食事・排泄・睡眠・生活といった基本的生活活動と、グループ活動・係活動・当番活動といった日常的生活活動との両面を持ちながら組織されていきますが、この活動も、おとなが用意した環境やそれぞれの園の生活スタイルに子どもが「参加」することを基本に展開されていくといった特徴を持っています。ただしこれも、「他律」から「自律」・「自治」へと子どもたちの生活を誘っていく視点を持つことが重要になってきます。

　以上4種類の生活・活動は、実際の実践の中では多様に融合しながら展開していきます。本書の第Ⅱ部には、そんな「子どもとつくる保育」の実践事例がたくさん登場します。幼児期の保育において、子どもの声をていねいに聴き取り、子どもを参加・参画の主体として尊重するとどんな実践になるか、そしてその際、必要とされる視点はどのようなものか、具体的・分析的に紹介しています。

❹　「子どもとつくる保育」の必要十分条件

　さて、以上見てきた通り、「子どもとつくる保育」は子どもの声を起点に、子どもの権利を尊重する保育として展開されていきます。したがって、常に子どもの声に耳を傾けることを大切にすることになるのですが、それはけっして簡単なことではありません。

　なぜなら保育実践の場面では、活動に無言で参加する子どももいれば、自分の思いをうまく表現できない子どもだっているのです。そしてそんな子どもの声が、保育者の耳に残らないこともあるし、保育者によって都合よく解釈されることだってあるのです。

　つまり「子どもとつくる保育」は、専門家として生きる保育者の、個人的力量が大きく影響する保育でもあるのです。子どもの思いに共感するセンスも、子どもの思いをどこに向けて発展させようかと考える構想力も、子ども同士の意見の違いに対応する問題解決能力も、すべて保育者相互の間に埋めがたい差が存在するのです。そしてそのセンス・能力の質の差が、保育実践の質の差にストレートに反映してしまうところに、「子どもとつくる保育」のむずかしさがあるのです。

　それゆえ、「子どもとつくる保育」を展開するに際しては、実践を記録することが何より

も大切です。そして、そうやって記録された子どもの「声」の中に、言葉には表現されていない「本当の想い」を読み取り、「明日の保育」をデザインする話し合いが、保育者集団には求められます。保育者の主観的判断と個人的能力にゆだねられることの多い保育実践の精度を上げ、実践の客観性を高めるためには、記録の質と、同僚性の質を高める努力を重ねていくことが、決定的に重要な意味を持つことになるのです。

　ところが日本の保育政策においては、このような手間のかかる保育実践研究の時間と空間を、保育者の専門性の中に正当に位置づけてきませんでした。しかも、世界的に例を見ない大量の子どもたちを抱え込む幼児クラスで、この困難な課題に挑戦することがどれだけ大変なことか、それは容易に想像がつきます。

　本書の**第Ⅲ部**は、そうした困難な現実の中、実践記録を書き、それをもとに保育をつくりだしていく各園の努力の姿が描かれています。実践記録を保育に生かす保育者は確実に増えてきたものの、それを議論する職員会議の記録には、なかなか遭遇することができません。保育者の同僚性研究も含めて、今後の深化が期待される研究課題の1つです。

❺ 時代が求める保育実践創造の課題に夢と希望を

　乳幼児を一人の人間・市民として尊重し、その声が正当に聴き取られる権利を保障する保育実践を、子どもとの応答的・対話的な関係の中でつくりだそうという「子どもとつくる保育」――この時代にこうした保育を提案する理由は大きく言って2つあります。

　1つは、21世紀を「子どもの権利」が花開く時代に発展させていく課題への挑戦です。子どもの中に生起する多様な声を、一人の人間（市民）の声として尊重する保育実践をつくりだしながら、「意味をつくりだす主体」として子どもを大切にする子ども観・保育観を、日本の保育実践の現場から提案していきたいという思いがここにはあります。

　そしてあと1つは、児童虐待問題に象徴されるように、この日本に生きる子どもたちの声がていねいに聴き取られていない現実に、社会的保育の場からこたえていくことへの挑戦です。自分の声を聴き取られながら「心の形」をつくっていくのが乳幼児期という時期だとするなら、その時期にだれかが、ていねいに子どもの声を聴き取る責任があるのです。家庭における子育ての困難が叫ばれる中、集団保育の場で子どもの声を受け止め、聴き取ることで、子どもを育てる重層的な関係を、社会に構築していく必要があるのです。

　本シリーズが豊かに読まれ、議論が広がり、この2つの現代的課題にともに挑むさまざまな「子どもとつくる保育」の実践が、大きな流れとなっていくことを期待します。

監修者　**加藤繁美**

3歳児の発達と保育の課題

第1章
うれしさと楽しさを身体にたくわえる子どもたち
――「おもしろいことが大好き」な3歳児の発達をとらえる

うれしさと楽しさを生み出す3歳児の3つの特徴
❶ 「イッチョマエ」が誇らしい――3歳児の「感情」
❷ 「キョトン」とする驚きに秘められた知性――3歳児の「論理」
❸ うれしさや楽しさの源泉としての「ボーダーレス」な感覚――3歳児の「認識」

　3歳児はおもしろい。そして、おもしろいことが大好きな子どもたちとつくる3歳児保育は、こんなおもしろい場面にいろどられています。

＊3歳児の散歩の一場面
　　新人男性保育者のほっしー「じ、じてんしゃくるからよけて〜」
　　5〜6人の子どもたち　　「じ、じてんしゃくるからよけて〜」

　保育者がかんでどもったところまで、大きな声でまねする3歳の子どもたちがいます。

　　ほっしー　　「まちがえたとこまでまねせんでもよか」
　　子どもたち　「まちがえたとこまでまねせんでもよか」

　ややはずかしそうに目を伏せて苦笑いする保育者と、大好きな保育者のつぶやきまでまねできて、それがうれしくてしかたないと言わんばかりに飛び跳ねて歩く子どもたちです。❶

❶ 2015年9月25日の午前中、やまなみこども園（熊本市）の3歳児クラスの散歩に筆者（塩崎）が同行した際の記録から抜粋・編集。

3歳児との散歩風景では、こんなふうに、見ているおとなまでが愉快な気持ちになるほど、子どもたちがいっしょになってクスクスと身体をゆらし、顔を見合わせて笑い合っている姿が見られます。
　気持ちよさそうにつないだ手、楽しくてしかたがないとでもいうような足どり、道端のちょっと高いところを見つけるやいなや、我先にとジャンプにチャレンジする姿など、どれもこれも3歳児らしい姿に思えます。
　もちろん、「3歳児」と聞いて思い浮かぶのは、こうしてぴょんぴょんと飛び跳ねる「得意な気持ち」が前面に感じられる姿ばかりではありません。桜の花びらを一心に集めたりぺんぺん草をいつまでもさわっていたり、じっくり黙々と、まわりのことなど気にもとめず、「1人で何かに熱中している」姿も見られます。何かが思い通りにならず、まわりのことなどおかまいなしに泣きじゃくる姿もあるでしょう。
　とてもひとことでは表しきれない3歳児の素顔。いったい3歳の子どもたちは、どんなふうに身のまわりのモノや人と出会い、どんなふうに心を動かしているのでしょうか。なぜ、おもしろいことが大好きなのでしょうか。多彩な「3歳児らしさ」の内側を探ってみることが、「**子どもとつくる**」3歳児保育の第一歩になりそうです。
　そこでこの章では、「**イッチョマエ**」「**キョトン**」「**ボーダーレス**」という3つの切り口から、人間らしい「感情」や「論理」や「認識」が、3歳の子どもの中にどのように育っていくのかをたどっていきながら、「3歳児保育の課題」について考えていくことにしましょう。

散歩先の川で
髪を洗いはじめる。

1 「イッチョマエ」が誇らしい——3歳児の「感情」

アンビバレンスな時間を生きる3歳児

　3歳児は、それまでの小さな赤ちゃんだった自分よりも今の自分は大きくなったという実感をもち、まわりの人と同じように、一人前に「なんでもできる」と感じる「自信満々」の時をむかえています。

　ただもちろん、実際には、何もかもができるわけではありません。ブロックも、かけっこも、掃除も、着替えも、意識の中では「一人前にできる自分」がイメージされているとしても、現実には、まだ生まれてから3年です。なんでもかんでもできるわけではありません。

　一方には〈なんでもできる一人前意識〉が育ち、他方には〈何もかもは思い通りにできない現実〉がある。こうしてできない現実に出会うとき、たとえ「自信満々」の3歳児でも、子どもは子どもなりに葛藤もします。

　そんなアンビバレンス（両義性）な時間を生きる3歳児を、カタカナで

今日も
新しい景色を発見。

「イッチョマエ」と理解したらどうでしょうか、と保育研究者の神田英雄さんは提案しました。できない自分をふり返ることなく「すごいでしょ！」と自慢げなユーモラスな姿も、現実に向かい合った末に承認を得ようと「すごいよね？」と一生懸命に認められようとする姿も、いずれの姿も人間のプライドにかかわる大切な感情を経験していることの現れでしょう。そして、そんなふうに「すごいでしょ！」と胸をはる子どもを愛おしく思うおとなのやさしいまなざしが、「イッチョマエ」という子ども理解には込められているのだと思います。

たしかに、自分のボタンはまだはまっていなくても、友だちのボタンをはめてあげたくてしかたのない３歳児を思い起こせば、なるほど「イッチョマエ」な３歳児だと、多くの保育者が納得するところでしょう。「だってぼくはちゃんとできる人だから」と信じ、「お友だちのことを手伝ってあげられる」自分をまわりにも見せたい、自分の存在をアピールしたい「自信満々」な３歳児です。

あしただってできる、３歳の運動会

３歳児の「イッチョマエ」な姿を、保育の中に見てみましょう。熊本にあるやまなみこども園の３歳児クラスこぶた組担任、佐伯由佳さんの「おたより」を読んでみましょう。

これは、３歳の子どもたちと運動会をつくっていく様子です。

> こぶた組（３歳）までは、運動会に向けて練習して取り組むということはありません。普段しているあそびの中でしていることをするので、練習することではないのです。ありのままの今の姿、今しか見られない姿を見ていただこうと思います。こぶた組のみんなの自然な笑顔が見られる運動会になったら最高です。
>
> だから、競技にも差があります。たとえば、かけのぼる土手の高さなど、個人差があるのは当たり前のことです。練習して乗り越えるようになる運動会は、来年くらいからでしょうか。子どもたちは、まだ何も決まってない時から、「運動会、あした？」と聞いてきます。あしただって、できるんです、３歳の子どもたちは。
>
> 最近は、ゆか（保育者）「きりんさん（５歳）の部屋に行くよー」と言うと、り

ひとくちメモ
1976年、熊本市東区に開園。NPO法人ひかるつめくさ運営。2015年度は、定員150名、３歳児33名（担任３名）。

くと「えっ跳び箱すると？」と目を輝かせて聞いてきます。ゆか「跳び箱跳べると？」と聞くと、「ハイハイ、オレ跳べる」と何人も手をあげます。ゆか「何段跳べる？」「えー６段？」「オレ７段」、ゆか「じゃ８段跳べる人ー」「ハイハイハーイ」とみんな手をあげます。なんでもできる！（と思っている）人生で一番すばらしい時期です。❷

❷佐伯由佳（熊本・やまなみこども園）「きょうのほいく」（2015年9月30日付）より抜粋・編集。

　５歳児が挑戦している跳び箱を、３歳児は、自分たちも跳ぶ気になっています。３歳児が跳び箱をすることなど、保育者はだれも想定していません。でも、３歳の子どもにしてみれば、跳び箱は「自分もする」ことであり、運動会でワクワクしている園の雰囲気の中で、「自分にもできる」ことに違いないのでしょう。跳んだこともない、いえ、さわったことすらない跳び箱でも、「８段だって跳べる」と思えるのが３歳児、「イッチョマエ」が誇らしい３歳児の感情です。
　たしかに、由佳さんの言う通り、３歳は「人生で一番すばらしい時期」を生きているのだと思われます。
　そしてここでは、３歳にとっての運動会が、いつ開催されても大丈夫、「あしただって、できる」行事であると保育者に位置づけられていることにも注目したいと思います。年間保育計画のカレンダーを見ながら、日程を逆算して、当日の準備や練習に追われるような毎日では、３歳児の育ちを楽しむ余裕がなくなってしまいかねません。こんなふうに３歳児が自信満々に、ワクワクと、運動会を楽しみにできる日常があることが、「**子どもとつくる保育**」の大切な基盤なのだということがわかります。

運動会ではじける笑顔を見せる。

３歳はプライドの変容期

　私たちは通常、青年期以降に名実ともに充実し、社会（共同体）の担い手になった人を「一人前」と呼びます。「社会人として働きはじめて、あなたもようやく一人前ね！」と言った語彙感覚です。でも、３歳を名指す「イッチョマエ」とは、こうした本物の「一人前」のことではありません。跳び箱は実際には跳べなくても、「できる」と思える感情が「イッチョマエ」意識です。
　この「イッチョマエ」という感情には、「すごさ」の内実はまったくわか

らなくても、「オレってすごいでしょ！」と自信を感じられる特徴があるようです。「イッチョマエ」だと本人が感じている、というところがミソでしょう。

ただし、こうした「根拠のないイッチョマエ意識」は実年齢で２〜３歳前後の子どもにこそ強く見られ、３歳児クラス後半、実年齢で３〜４歳前後の子どもになると「すごさ」の評価内容が気になってくる、というおもしろい調査結果があります。❸

つまり、同じ３歳児クラスにいる子どもたちの中にも、月齢によって、子どもの「イッチョマエ」加減に違いがあるということです。３歳の初期には、自分を客観的にふり返る視点が未分化なこともあるため、とくに根拠はなくても、自分は有能だと感じられていますが、月日を重ね子どもが大きくなるにつれて、「すごい」と評価されることの「理由」を知らないままに喜べるほど「おめでたい」状態ではなくなっていく、ということです。３歳児クラスの子どもが一年をかけて大きくなるということは、「何がどんなふうにすごいのか」が明確でないと、他人様（ひとさま）からの「すごい」という賞賛的な評価を無邪気に喜べなくなる過程を含んでいるわけです。「本当に承認されているかどうか」が気になりだす、ということでしょう。とすれば、３歳という時期は、まさにプライドの変容期。人間がもつ「誇りの感じ方」がドラマチックに変化していく時間を、３歳児は生きていることになります。

友だちから認められる「誇らしさ」

もう少し、やまなみこども園の３歳児クラス、「こぶたさん」たちの運動会前後の様子を見てみましょう。

夏のあそびをたくさんして、心も身体も大きくなったこぶたさんたち。水あそびがそろそろ寒くなりはじめたころ、草すべりに出かけました。かなり急な斜面をソリ片手にのぼり、シャーとすべってきます。１人ですべるより２人のほうが速いし、楽しさも共有できます。すべり終わったあと、"楽しいネ"と笑い合います。❹

❸ 加用文男「幼児のプライドに関する研究」『心理科学』第23巻第２号、2002年、17〜29頁。

❹ 佐伯由佳、前掲❷（2015年10月6日付）より抜粋・編集。

子ども同士で笑い合う姿から、「オレってすごいでしょ？」と３歳児が感じるためには自分のことをいっしょに「すごい」と思ってくれる人がいたほうが「楽しくなる」ことを、子ども自身がわかっている様子が伝わってきます。
　楽しさに誘われて、**友だちと「いっしょにいたい」と感じるようになる**心の内には、自分を自慢に思う、自分への自信も含まれているのではないでしょうか。
　さらに、続きを見ていきます。

　じんくんとれんくんが笑いころげている姿を見ていて、春のころのじんくんを思い出していました。部屋も変わり、朝からお母さんと別れる時は涙がポロポロこぼれます。おとなのそばにいて、お掃除を手伝ったり、広告でものすごい剣をつくったりするんだけど、だれかとその剣で遊ぶわけではなく、ずっとにぎっている。そんなことが多い日々でした。
　でも、れんくんという気の合う友だちを見つけてからは、毎日が本当に楽しそうです。こぶたのお部屋にはほとんどいなくて、れんくんと２人で長そでＴシャツを忍者ずきんにして戦いごっこをしたり、お庭で泥あそびをしたりしています。あそびだけでなく、リズムを積極的にするようになったり、給食をモリモリ食べるようになったりと、園の生活をイキイキと楽しむようになってきました。それはれんくんもそうです。
　いろんなことを共有できる仲間がいると、日常さえも、こんなにイキイキ楽しくなるんですネ。❺

　年度当初には居場所が見つけられず、心細さに涙の出るような期間も３歳児にはあるでしょう。自分の心の拠り所として「剣」などをつくる姿は、どの園の３歳児クラスでも見られるのではないでしょうか。でも、やはりモノだけでは物足りないのも３歳児。ここでは、いっしょにいる友だちができてからの劇的な変化が、本当に印象的です。
　子どもにとって、親や保育者はどんなに好きな人であっても、やはり「おとな」です。おとなに認められ、抱きしめられ、受け止められるだけでは物足りない。安心の拠点としてのおとなは絶対に必要ですが、３歳児は、自分と同じくらいの大きさの、同じような思いをもっている「子ども

> **ひとくちメモ**
> 複数の３歳担任経験者が、「友だち」の内実もわからないうちに「いつもいっしょにいる友だちができるのが３歳児の特徴」と指摘しています。この「こぶたさん」たちもまさに、「仲よしだね」「友だちだね」などと言葉で言う前に、「いっしょにワクワクする感情」や「いっしょにいたいと感じるかかわり」を身体にたくさんため込んでいる最中なのでしょう。
>
> ❺ 同前。

=友だち」から認められたいと、思うようになるのではないでしょうか。「おまえもなかなかやるな」という友だちからの承認が欲しいのです。

　好きな友だちから「いっしょにいたい」と思われる自分でありたいと強く願うようになることも、「イッチョマエ」が誇らしい3歳にとっては自然なことでしょう。そう考えてみると、「友だちのいないひとり」の状態をさみしいと感じることも、大きくなるための大事なステップであることに気づかされます。さみしさを含んだ不安な気持ちが、友だちといっしょにいるうれしさを得て、底なしの明るさに変わっていくコントラストには驚くばかりです。

　3歳児が「イッチョマエ」が誇らしいと感じる自信の源には、「自分にはいっしょにいる友だちがいる」という満足感があることは、忘れてはならない大事な点だと思われます。

「仲よし」同士で遊ぶ。

「イッチョマエ」な誇りを育む保育の工夫

　続きを見ます。

　草すべりで、お尻が真っ黒になっているかんちゃんも、こぶたからの入園でした。そで口がちょっとぬれただけでも"着替える"と、1日何回も着替えていました。園の洋服を借りて、借りすぎて、タンスが空になるほど着替えるのです。遊んでいる姿よりも、着替えている姿を見ることのほうが多いほどでした。

　水あそびも顔に水がかかることや、人から水をかけられるのが苦手だったようで、顔をしかめて水あそびをしようとはしませんでした。

　でもやっぱり夏のあそびは水あそび。お散歩先でも、園庭でも、水に入らない日はありません。水あそびぬきには夏の園生活は語れないのです。たくさん歩いて暑い日に水に入って「きもちいいー」と笑い合う子どもたち。トビウオのように飛び込むももかちゃん、さわちゃん。そんな友だちを見ていたら"オレもやってみよう"という気になってきました。夏の終わりごろ、かんちゃんはプールでじゃぶじゃぶ泳ぎ、もぐれるほどにまでなっていました。

　先日、寒くなってきた朝、園の水道で、長そでの肩のところまでじゃばじゃば水をかけて、キャアキャア声をあげて喜んでいるかんちゃんがいました。「寒くないの？」と声をかけても、かん「さむくなーい！」と笑いが止まりません。本

当に楽しそうに遊んでいるかんちゃんを見て、園長と２人、春のかんちゃんを思い出し、大笑いしました。❻

❻ 同前。

　３歳児クラスにいるそれぞれの子どもに、それぞれのドラマがあることがよくわかります。ここで注目しておきたいことは、保育者が子ども一人ひとりの育ちの過程を非常に細かく把握し、「個人差があることは当たり前」だと、それぞれの子どもに目配りをしている点です。

　一人ひとりの子どもの気質や成育歴を長い時間軸の中でとらえつつ、運動会をむかえる目の前の保育をその場その時の状況に合わせてつくりだしていく様子に、３歳児保育のコツがあるように思われます。どんなに陽気でのんきな３歳児でも、放っておくだけで「イッチョマエ」が誇らしい姿になるわけではないでしょう。３歳児が３歳児らしく自信満々になる「しかけ」が、保育の中に必要です。

　たとえば、お母さんと別れて涙がこぼれるじんくんのそばで掃除をいっしょにしている時には、泣いているじんくんの目が、他の子どものしていることへも向かうようなつぶやきを保育者がすることもあったでしょう。朝から友だちと剣がつくれる場も、じんくんが気おくれすることなく取り組めるよう、さりげなく用意されていました。服を着替えたいかんちゃんには、着替えを止めたりしないことはもちろん、何枚もの着替えを準備し、とりたてて何も言わず、自分がしたいことが保障される空間だという安心感を保育室の中につくってきたのだと思います。こうした盤石な生活の基盤があってこそ、子どもは「イッチョマエ」が誇らしい自分を感じることができるようになるのではないでしょうか。

ひとくちメモ

記録の最後で、水にぬれても平気だとこたえているかんちゃん。かんちゃんの「イッチョマエ」な誇らしさと、かんちゃんの育ちを喜ぶ保育者のうれしさが伝わってくる場面です。この日に至るまで、保育者の由佳さんが、服を着替えることを止めたり、気をそらせたりした形跡はなく、苦手な水あそびを、無理にやらせることもなかったでしょう。そして、かんちゃんが着替えたいだけ着替えることを支え続けるとともに、友だちの姿を見て、かんちゃん自身がいつでも水を試すことができるような用意もしていたことがうかがえます。

大好きな保育者と目を合わせて元気を充電。

❷ 「キョトン」とする驚きに秘められた知性——3歳児の「論理」

次に、3歳の子どもたちが、時おり見せる「キョトン」と驚いている姿に注目してみたいと思います。

注意されても「キョトン」——「自信満々な身の程知らず」だからこそ

3歳児といえば、泥だらけの手を洗わずにお部屋でブロックをはじめたり、高い棚によじ登って遠くまでジャンプしようとしたり、おとなが「それはしてほしくないなぁ」と思うことを「しでかす」名人でもあります。

やまなみこども園の保育者、山並啓さんも次のように語ります。

「3歳って、それまでできなかったことができるようになっていくでしょ。扉に手が届いたり、遠くまで歩いていけたり。それで、こっちが思いもしないことを次々とするよね。だから、**3歳って叱らんといかんでしょ**」と、新しいことを次から次へと試していく3歳の子どもには、「そこは踏み越えてはいけない」と伝えることも多くなるというわけです。続けて啓さんは、「でも叱られるとき、3歳は**キョトン**としているよね。何をそんなに怒っているの？ とでも言いたそうに」と言って、ハハハと笑いました。

なるほど、よく見ていると、3歳児は保育者に何かを言われているとき、たしかに「キョトン」としていることがあります。それほど熱心に聞いているふうではありませんし、わかっているようにも見えません。もとより、反省しているようには見えません。

3歳の子どもは、先に見たように「**イッチョマエ**」が誇らしい時間を生きています。根拠がなくてもヘッチャラで、「いいこと思いついた！」と自信満々です。自分をふり返らない強さに支えられた「**イッチョマエ**」な気分に満ちた子どもからすれば、注意するおとなに対して、「なぜこんなに楽しいことをしているのに怒っているの？」とでも言いたくなるのでしょう。そして、この「ほら、すごいでしょ！」という感じ方に連動して、自分を認めていないらしい何かに出会ったときには、「**キョトン**」とする軽い驚きが

> **ひとくちメモ**
> 3歳児と保育者との基本的な関係は、こんなふうに、子どもが見境なくチャレンジしていく動きを保育者がおおらかな気持ちで受け止めつつ、その場その場で、子どもの感じるおもしろさがそこなわれないよう、別の道も選択肢としてあることを「つけ足して」みたり、気持ちの流れを汲みながら「できる範囲」のあそびに提案し直したりと、3歳なりの理屈にかなう解決策を保育者が子どもといっしょに模索する中で成り立っています。

あるのではないでしょうか。社会の理(ことわり)を3歳児に伝えることは、なかなかむずかしそうです。

にもかかわらず、保育歴20年以上の啓さんに「もし来年度、自分の希望するクラスをもてるとしたら何歳の担任がしたい？」とたずねると、きまって「3歳の担任がやりたい」とこたえます。おとなの予想を越えたことばかりする、しかもひっかいたりかみついたり言うこともきかない、叱っても「キョトン」とするばかり、そんな3歳の担任を、保育者はなぜやりたいと思うのでしょうか。

理解に苦しむことを「しでかす」3歳児ですが、そのときの「キョトン」とする子どもの目から見えている世界にこそ、3歳児らしさがあり、ベテラン保育者が感じる3歳児保育の魅力があるのかもしれません。

「おあつまり」に呼ばれても、集まらない。

全体を一気にとらえる「直観」という知性

フランスを代表する哲学者であるメルロ＝ポンティ❼やベルクソン❽らが探究し続けた「直観知*」という概念があります。この「直観知」に重ねて3歳児の「キョトン」とした姿をとらえてみると、子どもの「感性を含んだ知性」がイメージしやすいように思われます。

「直観知」とは、ごく簡単に言えば、「全体を、一息で、一つのそこなわな

❼ メルロ＝ポンティ著、滝浦静雄・木田元訳『見えるものと見えないもの』みすず書房、1989年、177頁、など。

❽ ベルクソン著、坂田徳男・三浦正・池辺義教・飯田照明・池長澄訳『哲学的直観ほか』中央公論新社、2002年、など。

＊3歳児保育を**哲学**する──なぜだかわからないけど感じて判断できる「直観知」

「他人につられて泣く」とか、「現実にはありえないことを想像する」など、動物の生存戦略としては合理的に説明できない「直観」的な〈知〉。この「直観知」がなければ、人が人生を豊かに生きることは困難であることを、著名な哲学者たちはくり返し述べてきました。しかしこの「直観知」は、近代の学問や科学的知見と違って、客観的な公共財として万人に証明することがむずかしいものでもあります。「その人」が感じつつ判断する中で生じる知性だからです。

そして保育とは、日々の暮らしの中で、この「直観知」を全面的に扱う世界です。人が豊かになるためのこうした見えにくい個々人の知性を呼び戻す営みが、保育の役割の一つだと考えられます。保育は、その方法や成果において、学校教育に比して「見えにくい」と言われますが（バーンステイン著、萩原元昭編訳『言語社会化論』明治図書出版、1981年）、まさにその「わかりづらい」部分、「なぜかわからないけど楽しく感じる感性に通じる知性」が、保育における大事なところ、保育の要諦だと思われます。3歳児の直観的な知性を理解し発信していくことで、保育の社会的地位を高めていきたいものです。

い流れとしてとらえる知性」のことです。「直観知」概念の中では、知性と感性は分けて考えられることはなく、頭脳も心も身体も、重なり合う不可分なものとしてとらえられています。

　私たちおとなが、聞いたり読んだりする間接的な情報だけで何かを理解できたと感じる〈思考の形式〉は、近代の分析的知識が、物事は分解し、分類することでその理解が深まると考えられてきたことに支えられています。しかし、その「分析ぐせ」は、新しいものに実際に出会い、何かに自分が直接かかわったときに否応なく判断する「分解し得ない理解」を軽視する傾向を生み出してきました。

　こうした近代的な〈知〉の枠組みではとらえきれない知性である「直観知」こそ、3歳児とともにある生活の中にふんだんに埋め込まれている私たちの希望であり、3歳児らしさの特徴ではないでしょうか。

「ぱっとわかる」3歳児

　3歳児クラスの実際の様子をのぞいてみましょう。
　本章冒頭にも登場した子どもたちに「ほっしー」と呼ばれているやまなみこども園の新人保育者の相星佑弥さんが、3歳児クラスこぶた組の担任をはじめたばかりの4月に、こんな保育記録を書いています。

＊絵本読み

　お昼寝前のことでした。自分は、基本的にこの時間は部屋の掃除をしたり、ふとんを敷いたりしていることが多くなっています。
　この日は、自分がお昼寝前の読み聞かせをしようとしました。「お着替えが終わった人は、階段のところで絵本見よ～」と呼びかけると、ともが寄ってきて「ほっしーが絵本読むと？（読むの？）」と聞いてきました。「ほっしーが読むよ」とこたえると、「じゃあともは見らーん（見なーい）」と笑顔で言ってくるとも。近くにいたゆうたも「オレもー」と便乗してきました。
　さすがにこの言葉にはショックを受けましたが、自分が保育者としてまだまだであるというのを感じるのと同時に、子どもは絵本自体がおもしろいかどうかだけではなく、読み手の読み方までしっかり見ているんだなということを感じました。❾

❾ 相星佑弥（熊本・やまなみこども園）「きょうのほいく」（2015年4月18日付）より抜粋・編集。

3歳児の素直でのんきな意思表明と、保育者のやるせない苦悩が対照的で、思わず笑ってしまいますが、筆者（塩崎）はここで、読み聞かせで子どもを惹きつけることができない新人保育者のことを批判したいわけでは、もちろんありません。筆者がこの保育記録を読んですぐに感じたことは、3歳児は人を理解するときに、「全体を、そこなわない流れとしてとらえる知性（直観知）」を働かせているのではないかという「人間のもつ知性の奥ゆき」でした。

絵本を読むほっしーの前に集まる子どもたち。

　3歳のともくんが、「新人保育者のほっしー」という人が、「あなたが読むなら絵本を見ない」という自分の正直な（常識的に考えればとても失礼でもある）思いを伝えても、「とくにさしつかえない人物」であることを、いつどのように判断したのかということです。たしかに相星さんは、3歳児の自分に対する正直な評価にショックを受けながらも、子どものつぶやく言葉からその内面世界を理解しようと努力するような、いわば「やさしい」保育者です。私たちおとなは、こうした相星さんの人柄を、この記録から知ることができます。

　でも、子どもたちは、こうした記録を読んだり、相星さんの出身地や学歴などを聞いたりしなくても、目の前の保育者がどんな人物なのか、瞬時に判断しています。相星さんの声の大きさ、話し方、呼吸のしかた、人との距離の取り方、目の合わせ方、手の動かし方、瞳や唇の動き、身体の使い方などなど、多くのものを見て聴いて理解しているのでしょう。

　しかもこの場面では、ともくんに続いて、「オレも見ない」と言ったゆうたくんがいました。「この人は思っていることを言っても大丈夫」な「やさしい人だ」という判断は、3歳児同士の共通理解になっている様子がうかがえます。このように、往々にして子どものほうがおとなより、相手に関するこうした雰囲気的な情報を瞬時にとらえる感覚が研ぎ澄まされていることは、保育者であればだれもが知っていることでしょう。

　「だれの読む絵本がおもしろいのかをちゃんと見抜く理路」を子どもたちはもっています。「だれが何を言っても大丈夫な人なのかを判断する理路」ももっています。人間は、人生最初のたった3年間を生きてくる中で、このように「物事を判断する感覚」や「人を見る目」を身につけているのですから本当に不思議です。

　こうした言語化しづらい、見えにくい、でも大切なものである「直観知」

は、3歳児との生活の中に、たくさんあるように思います。予想を越える子どもの姿の中にひそむこの〈思考の形式〉を思い起こすことが、保育のおもしろさに通じているのかもしれません。

「直観知」から生まれる「キョトン」とした姿
―― 「感情」とつながった「論理」

ウシガエルを見せるほっしー。

ところで、「オレは絵本を見な〜い」と伝えた子どもたちですが、そのあと、ちょっぴりさみしそうに、がっかりしている相星さんを見て、「なんでがっかりしているの？」とでも言いたげに「キョトン」としていた姿が目に浮かびます。3歳児の「直観的世界」からみたら当然の判断（絵本を見ない）をしたにもかかわらず、相星さんがそれなりに傷ついている。ただ、傷ついているだろうことも「直観的」にわかる3歳児としては、軽い驚きをもって「キョトン」としつつ、「ほっしーががっかりしている姿」を、なんとなく胸を痛めて受け止めていたかもしれません。

ここでの3歳児の「キョトン」とする姿に含まれる驚きや不思議さや申しわけなさなどがないまぜになった感情と、「ほっしー」という人物を判断する論理とのつながりについて、もう少し考えてみます。

保育研究者の汐見稔幸さんは、「感情」と「論理（判断）」が不可分であることを、日本を代表する哲学者の戸坂潤と現代脳科学者のダマシオを参照しながら、次のように説明しています。

人間が「怖い」とか「おもしろい」とか感じるにはそれなりの理由があり、その理由づけを含み込んで感情が生まれるわけですから、感情には一定の判断がすでに前提になっていると考えられます。もっとも原初的な感情である喜怒哀楽つまり情動は、たとえば暗闇でゴソッと音がしたとき、瞬間的に怖さという形で働き、間をおかず身を構えるわけですが、そのときほぼ同時的に「いや、今のは大丈夫」などの判断を人はしているのではないか、ということです。

❿ 汐見稔幸「子どもを『人間としてみる』ことの『人間学』」『子どもを「人間としてみる」ということ』ミネルヴァ書房、2013年、266〜267頁。

たしかに、人が「こわい」と感じるその瞬間には、すでに何が「こわい」のかが判断されています。とすると、「ほっしー」はなんでも受け止めてくれるやさしい人だと感じる感覚と、「ほっしー」が絵本は見ないと伝えても

大丈夫な人だという判断もまた、同時にわき起こり成立しているものだと考えられます。感情と切り離された論理はない、つまり、感覚のともなわない〈思考の形式〉はないということです。

　感覚的で瞬間的な3歳児の世界の中で、自分たちがあまり予想していなかった「がっかりしたほっしー」に、これまた直観的にぱっと気づいたとき、子どもには「なぜ？」という小さなひっかかりが生まれ、「キョトン」という姿になって現れているのではないでしょうか。「キョトン」という驚きは、短くて、刹那的な思考です。4歳児のような、何度もくり返して疑問に立ち戻り考え続ける思考とは異なっています。

　おとなからすれば理解しづらい、3歳児が「キョトン」としている世界には、おとなが「論理」というときに想定している論理数学的な論理とは異なった、感じ方と判断の形式〈キョトンの論理〉があることが推察されます。3歳の子どもには3歳の子どもなりの論理があるのではないでしょうか。ここで汐見さんは、次のようにも言っています。

　子どもの絵がときにわれわれを感動させるのも、上下やシメントリー等という「論理」の原理にこだわらない彼らの独自の「論理」原理によって、彼らが日頃の生活で感じ認識したことを表現しているからでしょう。[11]

[11] 汐見稔幸、前掲[10]、270頁。

　子どもが描く形、子どもが興味を示すもの、子どもが「キョトン」とする表情の中に、おとなとは異なる認識枠組みを見出すことは保育の中にもあるでしょう。「そこ？　そんなことが気になるの？」「え？　それはわからないの？」という保育者の子どもに対するちょっとした驚きは、それぞれの3歳の子どもの思考傾向を見出す大事なヒントを含んでいます。軽く驚く3歳児の〈キョトン〉とした表情との出会いを楽しむことで、3歳児の言動にイライラっとしない心の余裕が、保育者の中に生まれてくることはないでしょうか。感情と論理のつながりを探る好奇心が、3歳児とつくる保育には必要です。

3 うれしさや楽しさの源泉としての「ボーダーレス」な感覚
――3歳児の「認識」

自分とまわりとの境があいまいな3歳児

　保育者であり保育研究者でもある木村和子さんの実践記録の一場面です。

　大樹が砂場で一人で穴ほりをしています。おとなからみれば、ほんの小さな穴です。バケツで水を運んできては、「わぁー川だー」と言って大喜び。そのうちに一輪車をみつけてきて、そこにバケツをのせて水運びを始めました。こぼさないようにうまく運んでいました。
　「わあー、大君、頭いいねー」と言うと、「だってこうやって運ぶんだもん」と言って、一人で満足していました。隣では同じクラスの子どもたちが数人で、もっと大きな穴を掘っていましたが、本人はまったく関係がないというようすでした。繰り返し水運びをしては、穴の中に水を入れ、水が吸い込まれていくのに感激して、「アー」と言ってうれしそうに見ていました。⑫

⑫ 木村和子・勅使千鶴著『3歳児「いれて」「いいよ」っていえるよ――あそびのなかで育つ子どもたち』労働旬報社、1992年、37頁。

　まわりの子どもがしていることなどおかまいなく、自分の世界で黙々と遊ぶ3歳児の姿です。同じ砂場にいながらも、お互いに直接はかかわりをもたない「平行あそび」が、3歳前半にはよく見られます。このように、自分の領域が安全であることがわかり、自分のしたいことに没頭できているとき、「自」と「他」、あるいは「自」と「まわりの世界」がはっきりとは分かれていないような「ボーダーレス」な感覚を子どもはもっているのではないでしょうか。
　また、あるときベテラン保育者が、3歳児の「泣く姿」をこんなふうに話してくれました。

　4歳になると「泣いている自分」を意識して、外側から泣いてる自分を見る自分もいて、他人に見られていることを意識して泣いている気がします。〈泣いて

いるわたし〉をちゃんとわかって泣いている感じがするんです。でもその点、3歳の子どもって、ただただ泣くだけ。〈泣きと自分が一体〉ですよね。涙が頬にはりつくほどわんわん泣くの。"そんなによく泣けるよね〜"って思うほど、大きな口をあけて、まわりなんかないみたいに泣く……。⓭

⓭ 2016年2月20日「子育て支援・保育研究会」での保育者による発言から抜粋。

　神田英雄さんが、3歳児の感じる「自信」は、自分を顧みる視点がないからこその「身の程知らずな自信満々」だと言っていたことに通じる3歳児の「自」「他」が未分離な〈自我ego〉の世界が垣間見えます。
　「他者が自分を見る目」を想像し、「他者から見られている自分を意識して自分を客観的に見る目」をもつことによってつくられていく〈自己self〉は、3歳児の中では、まだまだゆっくりと確立していく途中なのでしょう。自分を外側から見て「泣くことははずかしい」という羞恥心を感じたり、「こうやって泣けばいいんだ」というような打算を働かせたりする外部からの評価基準が、3歳児はときどきあいまいになるのかもしれません。それが4歳になると、「世界の中にいる1人」であることを意識する〈自己〉がかたちづくられ、「泣いている自分」を外部から見る目が常備されるようになっていく、ということでしょう。
　この3歳児の「世界との一体感」とでも言える「ボーダーレス」な「自分を隔てるもののない感覚」こそが、これまで述べてきた3歳児の「感性」（イッチョマエ）や「論理」（キョトン）を支える認識枠組みだと考えられます。自分をふり返らないからこそ強靭な自信になる「イッチョマエ」や、相手の性別や年齢や学歴や階層などという「属性」からではなく「直観」で思考する「キョトン」という3歳児の世界を考えてみると、自分も他人も山も海も世界も宇宙もある意味「いっしょくた」に存在し、相手の悲しみや喜びも「我がこととして存在している」3歳児の「ボーダーレス」な世界がイメージされます。
　3歳児同士では、言葉ではない（ノンバーバルな）、感覚的な情報を共有する人と人とのコミュニケーションが日常的に行われているのも、身体と身体の境界線のあいまいさに由来があるのかもしれません。何がそんなにおもしろいのかおとなにはわからないようなことで、3歳児同士がクスクスケラケラ笑っていることはよくあります。
　何かの下にいっしょにもぐってみるとか、何かをいっしょにかぶると

この"ぎゅうぎゅう感"が、たまらない。

か、ズコッといっしょに転んでみるとか、そうした「いっしょ」の動作を体感しているとき、その一体感の中にいる3歳児は、それはそれは楽しそうにしています。この3歳児の、「自」と「他」が切り分けられない感じ、物事を理解する際のボーダーレスな「認識」のしかたは、じつは保育者にとっても欠かせないものです。

相互的な子ども理解

哲学者のメルロ＝ポンティは、知覚する人間を、「主体と客体の両面をもつもの」としてとらえました。たとえば、人間が対象にさわっているときも、さわっていると同時にさわられている状態として、人間の身体を〈関係の総体〉としてとらえ直したのです。主体と客体として分離して理解することができない人間の世界が追究されています。

子どもを観察する場合、私たち大人が共にいることによって与えてしまう影響を、子どもの行動から差し引いて考えるというのは、困難である。私たちは、ここで大人と子どもの関係を目にしているのであって、私たちの記述するのは子どもの本性ではなく、大人に対する子どもの関係なのである。⓮

私たちに見えているものは、いついかなるときでも「子どもの本性ではなく、大人に対する子どもの関係」であるというこの指摘は、保育場面における子ども理解の核心をついているのではないでしょうか。保育者が自分の存在を消して子どもを観察することなど、身体をもった生身の人間で

⓮ M.Merleau-Ponty, Métheode en psychologie de l'enfant, Bulletin de Psychologie, Vol.18, 1964, p109. ソルボンヌ大学で児童心理学を講じていたメルロ＝ポンティが述べた記録（西平直『エリクソンの人間学』東京大学出版会、1993年、22〜23頁、西平訳）。

ある保育者には不可能なことです。にもかかわらず、私たちは子どもを理解するとき、「子ども」が単体としてそこに在るように錯覚していることはないでしょうか。

　ところが、人間の存在は単独のものとしては成り立っていません。だれかを理解しようとする際には、自分からの影響を受けている存在としての人間がそこにいることをふまえる必要があるわけです。人が身体を持って生きるしかないという事実は、人が関係の中で影響を与え・与えられる存在としてしか生きられないということを示してもいます。

　つまり、「主体でもあり客体でもある」という両義性をおとなも子どもも否応なく生きているのが保育の場であり、その「相互性」ぬきに子どもを理解することはできないということです。それは同時に、主体でも客体でもある「ボーダーレスな（境目のない）」身体のイメージにもつながります。「主体」とは何か、「個性」とは何か、「主体性」はどこにあるかなどの問いに対して、メルロ＝ポンティがいうような「関係性の中でしか把捉できない人間理解」を前提にすると、「主客の入りまじった人間の存在」について、もっとていねいに理解していく必要があることに思い至ります。その際、「ボーダーレス」な３歳児の認識は、私たちの人間理解にたくさんのヒントを与えてくれそうな予感がします。

対立の境があいまいな人間理解——どうやって仲直りしたの？

　３歳児の「ボーダーレス」な姿を、実際の保育の中に見ていきましょう。

　２月生まれのりょうたはなんでも受け身で、２歳児クラスの時はご飯さえ自分で食べようとしませんでした。しかし、少しずつまわりの子と遊ぶようになると同時にケンカをするようになりました。ケンカしても泣いてばかりいたりょうたですが、最近ではこんなこともありました。

　あつひとにたたかれて大泣きしているしゅんに、りょうた「もえ（姉）に言ってやるけんね」と声をかけていました。せつこ（保育者）が小声で「なんて言うと？」と聞いてみました。りょうた「なんしょっとか。いじわるすんな！　って言う」と、いつもと違って低い声でとてもかっこいいりょうたでした。そしてそのあと、あつひとのところに怒りに行っていました。

あつひと「オレのパパ強いばい」
　りょうた「オレのパパだって強い」
　あつひと「しゅうじのお父さん強いけん、オレのパパとみーんな合わせれば
　　　　　もっと強いばい」……（略）……

　と、はげしく言い合いをしていたかと思ったら、りょうたがチラリと見えるあつひとのおなかに砂をシャーとかけました。すると、あつひとがクスっと笑ったのです。となりにいたしゅんやゆうともあつひとのおなかに砂をかけ、みんなでケラケラ笑っていました。
　こうやって仲間と遊びケンカをするようになった子どもを見ては、うれしく思っています。⑮

⑮ 山本節子（熊本・やまなみこども園）「きょうのほいく」（2011年3月2日付）より抜粋・編集、子どもの名前は変更。

　2歳のときには自分でご飯を食べることにさえ、なかなか向かいきれなかった月齢の低いりょうたくんが、泣いていた友だちのしゅんくんを励ましている場面です。りょうたくんは、しゅんくんを泣かせたあつひとくんのところへ行って「言い合い」をする心意気を見せました。りょうたくんがまわりの友だちに自分の思いを伝えられるようになってきた姿を見て、保育者はりょうたくんの成長を感じています。
　さらにここで注目したいのは、友だちとのぶつかり合いで高まった緊張をほぐすように、りょうたくんがあつひとくんのおなかに砂をかける、3歳児らしいやりとりです。3歳児は、状況によっては、あまりこだわりなく相手を受け入れ、つながりをつくっていくことができる「ボーダーレス」な感性、論理、認識をもっているのではないでしょうか。
　「オレのパパのほうが強い」という自分を守る防衛の壁は、思いのほかくずれやすいというか、溶けやすいというか、柔軟な代物（しろもの）で、相手と自分のラインを引く目安としてもあいまいです。他の家のパパである「○○のお父さん」も突如引き合いに出され、何が対立軸なのかよくわからなくなっていきます。争いの争点も、対立の境目も、3歳児同士でわかり合っている可能性は否定できませんが、はたから見れば、何がなんだかわけのわからない「言い合い」です。これは、「会話が成り立っていること自体が不思議」とも思える、3歳児らしいやりとりでもあります。
　そして、「チラリと見えているおなか」と「砂」というちょっとした素材

が功を奏して（？）、もともとあいまいだった対立が、どういう論理なのかはよくわかりませんが、いつの間にか問題ではなくなり、笑い合える心地のよさが、子どもたちを覆う全体の雰囲気になっています。

木村和子さんが提示した通り、「いれて」と友だちに言われたとき「いいよ」とこたえられるようになるのが3歳児なのでしょう[16]。砂場あそびをしているたつみくんたちに加わりたいけど、シャベルを持ったまま立っているだけの信和くん。保育者の「信君、いれてと言ったら？」という呼びかけで「いれて！」と言い、それにこたえてたつみくんたちが「いいよ」と言うような場面です。

[16] 木村和子、前掲[12]、53頁。

「○○ちゃんは、いれたくない」とか、「今は1人でやりたい」というこだわりがある場合でも、「自分の思い」がきちんと受け止められたと感じる「間(ま)」があれば、いずれ、自らのタイミングで子どもは「いいよ」と言える自分を見つけていきます。3歳児にはこうした「人を受け止める柔軟さ」があり、「人と折り合いをつけていく領域」はわりと広いのではないでしょうか。

3歳児は、自分と他者との境界線がおとなよりもはっきりとはしていない中で、「他者とやりとりをする力」や「緊張感をほぐすユーモア」などの人間関係を、徐々に心得ていっているのだと考えられます。

ただ、「つかみ合い」や「言い合い」などのケンカのはじまりには注意を払う保育者も、3歳児がその後、**どんなふうに一度こじれてしまった関係をそれなりに修復しているのか***については、見逃していることもあるのではないでしょうか。

思う存分やり合ったケンカのあと。

＊3歳児保育を**哲学**する──違ってもいっしょにお茶を飲める「喫茶去」に向けて

　人は、それぞれに違っていて当たり前です。一人ひとり、それぞれが異なる思いをもって生きています。いつでも同じ感じ方の人、何についても同じ意見の人はいません。にもかかわらず、今、私たちの生きる世界では、感じ方や考え方が違っていることをきっかけにして、ともに暮らしていくことや、お互いを支え合うことがむずかしくなる事態があちこちで起こっています。

　たとえば、東日本大震災のあと、福島の原発事故によって放射線量の高い地域が明らかになった際、避難勧告が出された町や村では、「自分の村に残る」ことに決めた人と、「村を出て行く」ことに決めた人に、生きる道が分かれました。もちろん、いずれの判断にもしごくまっとうな理由があり、それぞれの選択について批判できる人などだれもいません。

　でも、これまで同じ村でいっしょに暮らし、苦楽をともにしてきた仲間であればこそ、仲間が異なる決断をしたことに、人々は傷つきました。だれだって、言葉には出さなくとも、身近な仲間とおぼしき人が自分とは異なる道を選んだ時、どうしてもその人の判断を応援できないと感じてしまうことはあるでしょう。自分の感じ方や選んだ道を、否定されているようにも感じます。

　自分にとって大事な人であればあるほど、その人が自分とは違う道を選んだ場合、相手の判断を、手ばなしで喜び励ますことができなくなります。時には、ありもしない自分への非難として相手の決断を感じ取ったり、さらには、自分の内にある、思ってもみなかった不寛容さに気づくことで、自分の負の感情にがっかりしてしまうこともあるでしょう。

　こんなふうにややこしい世界に暮らす私たちにとって、違う感じ方をする友だちとの関係をあきらめない3歳児の姿は、ある意味、〈気づきの宝庫〉のように思われます。価値の多様性に開かれた関係を、3歳児の鷹揚な姿、「ボーダーレス」な認識の中に探ってみたくなります。

　自分とは違う考え方の人とでもいっしょにお茶をいただくという教えが、禅の思想にあることをご存知でしょうか。自分とは異なる人とも、ともにあろうとする「喫茶去」の教えです。「ケンカをしている人とでも遊べる」りょうたくん（33頁）の感覚には、「どんな人とでもお茶を飲む」という「喫茶去」の教えに通じる〈構え〉があります。感じ方の違う、対立さえしている相手のおなかに砂をかけてみようとしたのは、自分と相手との境界のあいまいさに加えて、ケンカの対立軸もあいまいだからかもしれません。

　人間は、生涯をかけて、「自分づくり」と「自分くずし」をくり返し、「自分らしさ」をつくっていく存在です（近藤直子）。「自分らしさ」をつくる際には、逆説的ですが、自分に固執しているだけでは、自分をつくることはできません。〈自分を越え出るきっかけ〉となる人や出来事と出会い、自分とは異なる感じ方の人とでもお茶を飲むような「喫茶去」的な日常を通して、おとなであるか子どもであるかにかかわらず、自分を変容させながら「自分らしさ」をつくっていくのが人間です。「自分とは異なる人と仲よくお茶を楽しむ」という禅の教えは、おとなの予想を裏切るような仲直り上手な3歳児の、見境のない（ボーダーレスな）寛容性に通じているのではないでしょうか。

さっきまではげしい言い合いをしていたと思った子どもたちが、まばたきする間に「ね〜！」などとうなずきながら仲直りし、笑い合っていることがあります。「自分とは感じ方の違う友だちともつながることのできる3歳児」の鷹揚さ、バランスをとろうとする「いい加減」を確認できれば、3歳児のさらなるおもしろさに気づけるかもしれません。
　はたして、私たちおとなは、意見の違う相手と言い争っているさなかに、砂をかけて緊張をほぐし、いっしょに笑い合うような場をつくることができるでしょうか。感じ方の違う人とも笑い合って暮らせる工夫を、私たちおとなのほうが、3歳児の「わけへだてのない」ボーダーレスな姿から学べるかもしれません。

イメージ化による認識――「そのものになってみる」という理解のしかた

　もう一つ、東京の平塚幼稚園の3歳児クラス担任、三瓶莉奈さんの実践報告から、「ボーダーレス」な3歳児の特徴として、「そのものになってみる」という理解のしかたについて考えておきたいと思います。

ひとくちメモ
1949年、東京都目黒区に開園。定員152名、3歳児は、担任計3名、フリー計3名、3クラス編成、子ども各23名。

　身体で表現することを楽しもうと、いろんな動物が出てくる『ふしぎなタクシー』を読み、子どもが2〜3人組になってやりたい動物を出し合って、1つにしぼっていく話し合いをしました。
　ある2人組では、はじめは、それぞれにやりたい動物が異なっているのですが、自分のやりたい動物のことばかり言う感じにはならず、なぜその動物をいいと思うのかを伝え合っているうちに、「へえ、それもいいねえ」と、自分もその動物が楽しそう！　やってみたいと思い、途中で意見が変わっていったりするのです。時間のかかったグループもありましたが、話し合いそのものが楽しい感じで、最終的にはどのグループも1つに集約されていきました。
　おもしろかったのは、なぜその動物がいいかのイチオシポイントを3歳児が主張する際に、子どもが、動物の姿や動きを「自分がその動物になって」、自分の身体でやってみせるところです。
　カバがいい子は、カバのしっぽが“くりん”としているところを、手をくるっとまわして伝えます。そうすると、その様子を見て、トラがよかった人もまた、カバの“くりん”をまねすることで「かわいい！」と気持ちが動き、だんだん

『ふしぎなタクシー』
（『こどものとも』1983年10月号）
渡辺茂男 作、大友康夫 絵
福音館書店　　　　（品切れ）

「カバっていいねえ」となっていきます。[17]

　年齢にかかわらず、人のもつイメージが身体の動きによって喚起されやすいことはわかっています。それは身体が感覚と結びついており、身体が動くことで感覚が活性化され、感覚をもとにイメージ化が促進されるからでしょう。3歳児は日頃から、こんなふうに「そのものになってみる」というしかたで物事を理解しており、身体で表現することでお互いの合意のポイントもゆるやかに確認し合うことができるのだと思われます。

　こうして「そのものになってみる」とき、3歳児は、自分とそのものとの境目や違いは、あまり意識していないのではないでしょうか。自分とそのものが同じになってしまうような、「ボーダーレス」な3歳の姿がここにも垣間見えます。

　加えて、「なってみる」という身体的理解が基盤にあるからでしょうか、3歳児は、カッパやてんぐやカマキリやザリガニなどに変身する保育者の差し出す物語に、あっという間に感情移入し、物語の世界に瞬時に深く入り込みます。現実と物語との境目が感じられないほどです。顔は保育者だとわかる変装でも、ものすごくこわがる子どももいるのは、おとなにとってはあちらにある物語の世界のイメージと、こちらにある現実の世界のイメージに、「大きな境目がない」からかもしれません。3歳児にとっては、「同じ重さ」で、物語も現実も存在しているのではないでしょうか。物語と現実との間の境界（ボーダー）もあいまいで、一部融合した状態になっていることが予想されます。

　3歳児のごっこあそびに通じるこの「ボーダーレス」な感覚については、次章以降でも考えてみたいと思います。

[17] 三瓶莉奈（東京・平塚幼稚園）、東京保育問題研究会文学部会（2016年3月16日）での実践報告・実践記録資料より抜粋・編集。

4　3歳児保育の課題
――「おもしろいことが大好き」な心を育み、子どもとともにおもしろい毎日をつくる

　ここまで、「おもしろいことが大好き」な心を支える3歳児の発達の特徴を見てきましたが、3歳児はもちろん、同じ姿でとどまっているということはなく、日々変化しています。個人差も大きく、ひとくくりにして語ることはむずかしいですが、あえてざっくりととらえれば、3歳児クラスの前半期には、〈なんにでも興味津々だった2歳児〉が、3歳児クラスに進級あるいは入園し、まわりからの「いいね！」「すてきね！」という承認を得ながら、〈オレって、ワタシって、すごいでしょ！　と自信を感じる3歳〉に育っていきます。そして、〈自分に誇りを感じるイッチョマエな3歳児〉も、年度の後半には、ゆるやかに〈気づいて揺れて考える4歳児〉へと変化していくでしょう。

　といっても、先へ先へとあせる必要はありません。発達心理学者の川田学さんが言うように、「ブラブラ好きな2歳児[18]」は、あっちこっちを探索しブラブラを堪能することで世界のおもしろさを身体に記憶しており、きっとそのことが「おもしろいことを求める3歳」の原型をつくっています。同じように、3歳児の「おもしろいことが大好き」な気持ちを大切にし、子どもが自らの手で世界の扉を開き、モノや出来事、人との出会いを新鮮におもしろがり、虚構の世界に羽ばたくことができるような保育を、じっくり、ゆっくり充実させることが、4歳の「思考」や5歳の「参画」の育ち**(本シリーズ4・5歳巻参照)**を支える基盤にもなっていくでしょう。

　つまり、3歳児が、おもしろさを感じ、求め、つくりだせる保育こそが、3歳児保育の課題だと考えられます。

　そのためには、子どもが何をおもしろがっているかをキャッチすることが出発点となるでしょう。3歳の世界をともにおもしろがり、おもしろいことをつくりだすこと、また自らおもしろさをつくりだそうとする子どもを支えることが保育者の役割になります。保育者が主導して計画を立てて進める保育ではなく、子どもの声を聞き、子どもが保育に参画する「**子ども**

[18] 川田学「再考・2歳児の形容詞」(「発達心理学的自由論」第7回)『現代と保育』87号、ひとなる書房、2013年、104〜117頁。

とともにつくる保育」を創造する意義がここにあります。

　3歳児クラスにおいて、この「**子どもとつくる保育**」を実現するには、「**イッチョマエ**」な誇り、「**キョトン**」という直観、その土台となる「**ボーダーレス**」な認識の柔軟性をふまえることがカギになります。

　「**イッチョマエ**」にふるまう姿を、「わかってない」「かわいい」姿と受け止めるだけでなく、この社会に参画することへのゆるぎない意志の表れとしてとらえ、3歳らしい誇りを尊重することが肝心です。また「わかるようでわからないこと」に出会ったときに「**キョトン**」としている3歳児の直観的な〈ものの見方〉を先入観なくとらえ、保育者が子どもとともに柔軟にボーダーを越えていくことで、3歳児が感じているおもしろさの正体をつかむこともできるでしょう。

　それと同時に、こうした3歳児の感性や論理を、おとなである保育者自身が取り戻すこと、職員同士の関係にも取り入れていくことで、3歳を担任する保育者は、子どもとともに、今ある社会の枠組みさえ越え出る「おもしろい世界」をつくっていく保育に、大胆に、安心して取り組んでいくことができるのではないでしょうか。

　第Ⅱ部と第Ⅲ部でそうした具体的な実践の展開をたどっていく前に、次の2つの章では、多彩な素顔を見せる3歳児たちが集団で暮らす「3歳児クラス」とはいったいどんなものなのか、その様子を探ってみることにしましょう。子どもたち一人ひとりを理解するだけでなく、クラス全体に流れる独特の空気感や時間の流れ方をつかむことが、3歳児クラスの保育づくりの大切なポイントになるからです。

園庭中の器を黙々と集める。

第2章
段差を越える子どもたち
——「おもしろさ」に向かうための安心の基盤を築く

つまずき立ちすくむ3歳児が「安心」を感じるために
❶ ぶつかり合っても大丈夫
　——保育者とつながっている安心感の中で心地よい修復経験を積み重ねる
❷ 違っていても大丈夫
　——一人ひとりの「今」が尊重される実感の中で仲間への思いを育む

アンバランスさと不安定さと

　前章で紹介した事例に登場する3歳児の多くは、天真爛漫でポジティブ、とっても楽しそうに見えます。不安なんてなさそうだとさえ思ってしまいます。でも、もちろん、3歳だって3歳なりの悩みを抱え、この時代を生きる生きにくさを感じています。右往左往し、行き場を見失うこともあるのが3歳児です。

　「幼児」としての生活がはじまるこの時期、子どもの心も身体も大きく育っていきますが、必ずしも足並みをそろえて順序よく発達するわけではありません。クラスの中でも、1人の子どもの中でも、「でこぼこ」やアンバランスさが目立つこともあるでしょう。これまで経験したことのないような、大人数の集団の中で生活しはじめることから引き起こされる不安定さもあるかもしれません。

　一方で、保育者の側から見ると、保育者に甘えたり、保育者を試したり、手のかかる子どもの行動は、クラス全体の生活の流れを止めてしまうため、「なんとかしたい」と力が入ったり、一向にクラスが「まとまらない」とあせったりしてしまいがちです。

本章では、そんな「安心の基盤を見失って立ちすくむ」3歳児が、おもしろいことや楽しいことに向かって歩き出していけるようにするには、保育の中でどんなことを大切にしていけばよいのか、事例を通して考えてみたいと思います。

雲の長さってこのくらい？

はじめて集団生活を経験する子どもも

現在の日本社会に暮らす3歳児は、大きく分ければ、保育園と幼稚園という2つの場で育っています。

一方の保育園の3歳児クラスには、0歳や1歳のころから、たくさんの友だちと生活をともにし、親以外のおとなである保育者とも親密な関係を築いてきた、保育経験年数の長い子どもたちが多く在籍しています。もちろん、保育園にも保育経験年数の短い3歳児もいますが、はじめての集団生活を3歳からはじめる子どもは比較的少ないでしょう。

もう一方の幼稚園の3歳児クラスを見ると、友だちや保育者とともに過ごす生活を、この時期から本格的にスタートさせる子どもが多く在籍しています。はじめて園生活を開始する子どもは、慣れ親しんだ「おうち」から離れ、いつもいっしょにいた母親からも離れ、心細い思いも経験しています。なんでもやってもらっていた生活から一歩踏み出し、自分でやってみることに出会いはじめる子どもたちがいます。

ただ近年では、認定こども園も増加し、保育園の2歳児クラスにあたる満3歳クラスを設置している園もあります。子育て支援としての一時保育も充実してきており、3歳になる前に仲間と生活をともにする場を経験している子どもの割合は、年々、増えています。

以前にくらべれば、保育園および認定こども園における乳児保育の量的拡大が実現しており、3歳になってはじめて保育の場を経験する子どもの割合は少なくなっているでしょう。しかし、保育園児と幼稚園児の3歳児クラスをくらべてみれば、同じ3歳児であっても、保育の経験年数に差があることはまちがいありません。

保育経験年数の違いによって、保育内容や方法は、おのずと変わってきます。これからの3歳児保育については、保育園と幼稚園、両施設における子どもの育ちの差に配慮しながら考えていく必要があるでしょう。

保育園児も直面している段差

　ただし、保育園の３歳児であっても、保育の経験年数が長いからという理由だけで、「保育の場に慣れているからあまり心配することはない」ということではもちろんありません。月齢の差が、４歳児や５歳児よりも大きく、また、１人の子どもの中でも、まわりとそれなりにうまくやれる調子のいい時と、感情がうまくおさめられない苦しい時が、行ったり来たりしています。一人ひとりに目配りしたていねいな保育が求められます。

　しかし、保育園保育には、施設の設置基準や保育実践の歴史的経緯として、「乳児クラス」とされる０〜２歳児と「幼児クラス」とされる３〜５歳児とで、保育の内容や方法に差があります。たとえば、２歳児までは、保育者１人に対して子ども６人であった保育者の配置基準が、３歳児になると、保育者１人に対して子どもの数が15〜20人へと増えます。

　こうした子ども集団の人数規模、保育者の配置基準により、乳児クラスでは個別に対応できたことも、幼児クラスになると全体指導を前提とした保育に変更していかなければならない状況です。子どもにとっても保育者にとっても、「乳児クラス」から「幼児クラス」へ移行する３歳児クラスは、保育園生活において、大きな「段差」を経験する時期になっています。

　つまり、幼稚園には、はじめて自分の家から出て仲間とともに生活することになり、生活の見通しのつかなさからくる不安を抱えている３歳児がたくさんおり、保育園にもまた、２歳までは頼りになる保育者がたくさんいたのに、３歳になったとたんに急に保育者の数が少なくなり、今までとは異なる多くの友だちの中で不安を感じている３歳児もいるだろう、ということです。

　一人ひとりの不安やつまずきの背景にあるものはさまざまで、現れ方も保育者からは見えにくかったりします。それでも、一人ひとりの子どもが、今それぞれに直面している「段差」をどのようにとらえ、どのように越えようとしているのか想像し続けることを、３歳児保育ではとくに大切にしたいと思います。

① ぶつかり合っても大丈夫
―― 保育者とつながっている安心感の中で心地よい修復経験を積み重ねる

トゲトゲイライラする心

　３歳児と保育者との葛藤が垣間見える記録を、次に紹介します。やまなみこども園の山本節子さんの書いた実践記録です。

＊ケンカになってしまうトゲトゲで揺れ動く心に注意
　みいちゃんとはるなちゃんはものすごい犬猿の仲です。朝来た瞬間からわざわざ近づいて、言い合いたたき合いが長く続き、２人とも大泣きする毎日でした。しかし次第に、それぞれ別の女の子たちと遊ぶようになり、時にはいっしょにごっこあそびをするようにもなりました。
　でも、はるなちゃんは「もうみいちゃんは、意地悪だから遊ばない」と言ったり、他のまわりの女の子たちもみいちゃんに傷つくことを言われ、とても悲しい目をすることが増えていました。ケンカの原因はすべてみいちゃんが一方的に怒ったりワガママを言うからでした。みいちゃんのケンカや泣き叫びは日常茶飯事で、その場はどよんとした雰囲気になるのでした。
　私はみいちゃんを０歳と２歳でも担任し、担任は３回目でした。生まれた時から落ち着いた生活ではなく不安定で、私もよくかかわってきました。月曜日には悪態をついて荒れ狂うみいちゃん。家では気を使っているようでした。お昼寝はみいちゃんとの時間、と私の中で決めていて毎日添い寝しました。みいちゃんは、散歩では私と手をつなぐことは多いし、給食でもとなりに来ていっしょに食べる、だれよりも甘えて、保育者もよくかかわっているはずなのに……。
　お母さんと話してみると「みいちゃんはずっとべったり甘えています」とのこと。家庭のことばかりを気にしていましたが、もしかして私を思うように操りたいワガママもあるのか、"４歳半の節"で不安定になっていて、おとなとの関係を確かめようとしているのか、それとも、私がみいちゃんを特別にしていることを見抜いて、とことん甘えるのか、と私の心にも迷いがありました。⑲

⑲ 山本節子（熊本・やまなみこども園）実践報告資料「ケンカの中で育ち合う３歳児」（2011年度）より抜粋・編集、子どもの名前は変更。

ここで保育者の山本さんは、給食でも、散歩でも、個別にみいちゃんに対応していると自分の保育を理解して、「みいちゃんの周辺で起こるケンカや泣き叫びの原因は家庭にある」と思っていたことを反省的にふり返っています。そして、「家庭のことばかり」にしていた考え方を見直し、「まてよ」と立ち止まり、保育者との特別な関係の中でこそ、みいちゃんの態度はつくられているのではないかと考えました。あるいは、3歳児クラスの子どもたちがむかえる発達の節目の中で、みいちゃんは困っているのではないかとも考えはじめます。

続きも見てみます。

山本さん（右端のおとな）のひざで、絵本に見入る子も。

*12月後半

クラス中でみいちゃんのケンカは止まりませんでした。抱いても私をたたき続け、みいちゃんの身体は固く全身がトゲトゲの針のようでした。担任間でも「みいちゃんの抱えているものはとても大きいね。なるべく否定しないようにしてみよう」と話しました。

イライラしているみいちゃんが「少しでもおだやかであたたかい時間を過ごせたら！ 楽しく遊べる時間を過ごせたら！」と思い……以前、"♪わたしのすきなこなひきさん"をいっしょに歌った日々は幸せそうにしていたみいちゃんを思い出し、あたたかい感じのうたを歌ってみました。ですが、うたの途中で"うたじゃなくてわたしを見て"という感じでみいちゃんは大声でしゃべりはじめるのでした。みいちゃんの心の中にうたが入るすき間はありませんでした。

「よし！ こういう時は基本的なわらべうただ！」と思い、みいちゃんたちと"お寺のおしょうさん"や"ずいずいずっころばし"をしました。夢中になって遊んでいたのですが、その途中でお迎えに来たお母さんと私が話す間にたたき合いの大ゲンカになり、顔をひっかいてしまいました。

いくら楽しいことをしていても、少しでもイラっとすると一瞬にして崩れてしまうみいちゃん。「私がすることはこんなことじゃダメだ」「考え方を変えなきゃ！」と、手探り状態でした。

⑳ 同前。

保育者の山本さんは、この年、保育経験年数では十年目をむかえていました。中堅（ミドルリーダー）の保育者です。自分のしてきた保育の引き出しを一つひとつ確認し、よい方へ向かうことが期待されるあらゆることを

試して、どうしてもトゲトゲイライラするほうに向かってしまう気持ちの波を「おだやかであたたかい」ほうへとなんとか引き戻そうとしています。にもかかわらず、みいちゃんの気持ちに保育者の働きかけがぴたっと合ったという手ごたえが得られません。みいちゃんにとってはもちろん、保育者にとってもつらい時期が続きます。保育の日常では、どんなに経験を積んだ保育者にも、こうした「先の見えない」むずかしさを感じることがあることがわかります。

乗り越えていく感じをつかまえる

*1月6日 金曜日

　みいちゃんとトイレ掃除をしました。私がトイレ掃除をしていると、「みいちゃんもする」とやってきてよくいっしょに掃除しますが、いつも「まだこれしたいもん」と言っては私を手こずらせるのでした。この日は、みいちゃんの雑巾しぼりの手つきがよかったので、驚いて「みいちゃん、掃除上手になったね〜」と声をかけました。

　「みいちゃんのおかげで、トイレがきれいになるね」と言うと、目がキラリと光りました。いつもはおしゃべりなのに、黙々と掃除を続け鏡などいろんなところを磨くみいちゃん。「トイレの神様も喜んどらすね〜」（お正月の神様、神社の神様と最近よく神様と言っていたので）と言うと、パッと雑巾を片づけて、「スリッパ洗ってくるね」と洗いに行くみいちゃんでした。こんなことははじめてでした。

　そう、みいちゃんはなんでもよくわかっていて、状況もこちらの気持ちもすべて見抜いていながら、とにかく私を手こずらせ目を向けさせたかったのです。そのことを私はわかっていたようでわかっていませんでした。

　「せっちゃん、今日の夜は保育園にいると？　保育園がいい」と言う日が続きました。これから3ヵ月、みいちゃんに何ができるのだろう、みいちゃんの人生の大切な3ヵ月……。そうだ、みいちゃんは母親そのものを必要としている。"母親のようにしよう"と、意識することにしました。

　いつも不安で私に見ていてほしいのだから、私がみいちゃんをしっかり見ていることを伝えようと、みいちゃんの声にこたえるのではなく、こちらからたくさん声をかけることにしました。とくに朝の時間を大切にして、膝の上に抱いて連絡帳を見たり、♪ずいずいずっころばしをおでこやお尻でしたり、おんぶしてあ

> **ひとくちメモ**
> みいちゃんが「あたたかい時間を過ごせるようになってきている」という実感を保育者がもてないでいる、みいちゃん本人の安心感が保育者に伝わってこない状態です。みいちゃんを外側から見て判断しているのではなく、保育者と子どもの相互的な関係（31頁参照）の中で、みいちゃんの気持ちを探り、何ができるかを考える山本さんです。

ちらこちらに行ったりしました。特別でもいいみいちゃん。私をなぐってきたら、「どすこいどすこい」とお相撲にして笑い合いました。

㉑ 同前。

　年明けの1月、いよいよあと3ヵ月で3歳児クラスも終わりをむかえるころになってようやく、山本さんは、みいちゃんと気持ちがぴたっと通じ合えたと思えるトイレ掃除を体験しています。
　子ども自身に自覚はなくても、真面目に何かに向かい合えているその瞬間は、その子どもにとっても、とても気持ちのいい時間に違いありません。その心地よい心の張りが、保育者と子どもの心が通じ合う基底になっています。生活の中に埋め込まれた、こうした子どものエネルギーの高まりは、ちょっと見ただけではわかりません。見えづらいものです。でも、日常を子どもとともに過ごす保育者には、子どものエネルギーの所在を察知する肌感覚の鋭さがあるのでしょう。そしてその保育者の研ぎ澄まされた感性が、子どもの幸せを願い続けてきた真剣さと相まって、「ちゃんと自分を見てほしい」というみいちゃんの言葉にならない願いを、芯から理解することにつながったのでしょう。
　しかも、「大好きな保育者にしっかり見ていてほしい」というみいちゃんの思いに気づいたあと、山本さんは、「みいちゃんの声にこたえるのではなく、こちらから声をかけること」にすることが大事だと判断しています。みいちゃんとの関係をよりよいものに変えていくためには、ただ受け止めるだけではなく、こちらから迎えに行くくらいの気持ちが必要だと理解を広げています。子どもは、不安が強ければ強いほど、このような保育者の覚悟を敏感に感じ取るのではないでしょうか。山本さんの本気さがみいちゃんには伝わったのだと思います。もちろん、わらべうたや相撲あそびなど、保育者が身につけている保育技術が、子どもとの関係づくりに役立っていることはいうまでもありません。

＊翌週の13日 金曜日
　夕方、私にべったりだったみいちゃんが友だちと遊びはじめました。仲よく遊ぶ姿は久しぶりだったので、とてもうれしかったです。それに、じゃんけんで負けると必ず怒っていたのに平気になったりと、少しのことでは怒らなくなりました。予想以上にみいちゃんの様子が変わり、私の心がけでこんなにも変わるのな

らば、なんでもっと早くに気づかなかったのだろう、みいちゃんは毎日トゲの上を歩いているようだったのかもしれない、と思いました。

㉒ 同前。

　保育者との関係が安定することで、みいちゃんと他の子どもとの関係が安定的になっていく様子がわかります。
　また、保育者が保育を省察する（ふり返る）ときに、みいちゃんがどんなふうに「感じているか」を想像していることが印象的です。「トゲの上を歩いているよう」に子どもが感じていただろうと子どもの身体感覚をイメージしてみることが、子どもの感じている不安を子どもの側から理解する手だてなのかもしれません。

ぶつかり合いからつながりへ

　あいかわらずケンカは起こりますが、その様子にも変化が見られるようになってきました。

＊18日 水曜日
　女の子と遊ぶ時間が少しずつ増えてきたみいちゃん。はるなちゃんとピアノの取り合いでケンカになりました。

　　はるな　　「はーちゃんち、もうこらせん」
　　みいちゃん「みいちゃんちもダメ」
　　はるな　　「はーちゃんちお菓子いっぱいあるのに」
　　みいちゃん「みいちゃんちいっぱいある」
　　せつこ（保育者）「せっちゃんちお菓子ぜんぜんない、いいな～」
　　2人で笑って「きていいよ～」
　　みいちゃん「パーティーするの、パパと」
　　せつこ　　「そっかー、せっちゃんも行っていい？」

以前ならいつまでも続いていたケンカも、ピタリと終わるのでした。

㉓ 同前。

人間は、ぶつかり合った相手とでも、何度でも仲直りをし、ともに生きていく存在です。ケンカする友だちがいること、意見や感じ方の異なる友だちがいることは、ある意味、人間にとっての試練でしょう。しかし、自分とは異なる友だちと本気でぶつかり合える関係になることで、その友だちの存在がその後の人生を豊かにすることを、私たちはよく知っています。

　問題は、ぶつかり合いからの「立て直し」や「修復」です。この関係改善の経験こそが、人間が人とのつながりをもつ際の基盤になります。その点、前章で見たように「ボーダーレス」な3歳児は、意見や感じ方の違う相手とでも、ともに暮らせる潜在的能力をもっています。子どもをよく見てみれば、「人とつながっていこう」とする姿勢が、子どものどこかにあるはずです。

　たとえばここでも子どもたちは、つながりを生み出す保育者の気の利いた助け舟を見逃しません。たくさんのお菓子を持っていることを自慢し、「自分がどんなに強いか」を誇示し相手と張り合っている最中であるにもかかわらず、「お菓子がない」というちょっと間の抜けた保育者の登場をみいちゃんとはるなちゃんが歓迎したのは、所有物（お菓子）の量をくらべる競い合いにつまらなさを感じはじめ、それとは違うおもしろい状況へと関係が改善されるきっかけを探していたからでしょう。

　だれだってそうですが、「持っているものの競い合い」からは、仲直りのきっかけや楽しい関係への糸口はなかなか見出せません。「持っていない弱さ」というボールが投げられたことで、子どもたちは、「所有を競い合う」執着から離れ、興味の視点を移すことができました。ここで子どもたちは、競い合いだけでは息苦しかった相手とでも仲間になれるという変容を経験し、人と人とのつながり方が変化することを学んでいます。

　往々にして、保育者は子ども同士のぶつかり合いに対して、「どっちが悪かったの？」など、原因の追及に力をそそぎがちです。もちろん、保育者がとりなして「ごめんなさい」を言い合うことで、子どもが、人と人とがつながり合う醍醐味や人間の可能性を実感できることもあるでしょう。でもそれでは、「自分たち」で解決し、物事を成し遂げたという達成感を味わうことはできません。人との関係の修復を、ぶつかり合ったあとのつながりの心地よさとともに、自分なりに経験していなければ、せっかくのぶつかり合いという機会が、子ども自身のものにはならないのではないでしょ

ひとくちメモ

こうした場面で、子どもたちはしばしば「自分の家」を持ち出して言い合いをします。人間にとって、他者とぶつかり合いながら自分や相手の空間（領域）を把握することは、自分づくりの原点として欠かすことのできない経験です。そして、それぞれにそうした安定的なプライベート空間があってこそ、公共空間での共生が可能になるのでしょう。「ぶつかり合ってしまったら、もういっしょにいられない」ではなく、「それでもともにあろうとする」公共空間はどのようにつくられるものなのか、子ども同士のぶつかり合いから学ぶことはたくさんあるように思います。

うか。

安全地帯で充電しつつ自分で立て直せる力をつける

　では、保育者はその場にいなくてもいいのかと問われれば、そんなことはありません。人間が、外に向かって打って出ようとする時には、安全な場所が必要です。登山でも、まずベースキャンプを安全な場所につくり、何度でも頂上を目指すための休息や充電（エネルギーチャージ）の拠点にします。それと同じように、人との関係を新しくつくっていくためには、安定的な拠点として戻れる場所がまずは必要でしょう。保育者がその位置にいてくれれば、3歳児の世界はぐんと広がっていくのではないでしょうか。何かあればいつでも戻れる、支えてくれる保育者がいること、そうした安定感が、3歳児が人との対立を乗り越え、仲直りするきっかけを育んでいくのだと考えられます。

　子どもには、ケンカを止める保育者ではなく、ケンカをした相手との関係について、いっしょに考え励ましてくれる保育者や、ケンカの場面を次の場面へと展開してくれる保育者が必要です。つまずきの石を事前に取り除き、人の経験すべき痛みや悩みを奪ってしまうのではなく、「転んでも、つまずいても、きっと大丈夫。また立ち上がることができる」と、人間の可能性を信じ、人との関係を再び結ぶ糸口を探そうとする、子どもとともに悩むことのできる保育者が必要です。人が対立しないことを求めるのではなく、「**対立する思いを出し合っても大丈夫**」だという安定感をこそ、求めていきたいと思います。それは、人がそれぞれに違っていることを認め合う基盤に他なりません。

　その後、保育者とみいちゃんの関係は、こんなふうに展開していきます。

　その日のトイレ掃除もいっしょにしました。「みいちゃん、ちょっとタオルとってくるね」と声をかけてトイレを離れても、なかなか帰ってこない私を確かめに来るみいちゃん。「タオル持ってきたよ〜」とまた声をかけるとニコリと笑うみいちゃんでした。夕方の補食前になると、いつもと違い「せっちゃん、ご飯食べてくるね」と笑顔で言いに来るみいちゃんでした。

　とは言っても、一瞬安心したところで完全には安心できないものです。私が他

の子をおんぶしているのを見ていられないし、急に困らせることもまだまだあります。しかし、1日の中でただイヤイヤ言いたい時間もある、他の子は家でたくさん言ってるはずと思い、ただ見守る時もあります。みいちゃんはひっくり返りながらも、立ち直る時間は短くなりました。

　また、赤ちゃんの前では違う顔を見せることに気づいたので、早速ヤッピー（担任）に赤ちゃんをこぶた（3歳児クラス）の部屋に連れてきてもらいました。いっしょに遊ぶと、幸せな顔をしているのでした。

㉔ 同前。

　今、私たちの社会では、子どもがそれぞれに自立して社会参画できるようになるための実践が求められています。保育者の腕の中に囲い込み、保育者なしでは何もできない子どもや、保育者の顔色をいつも気にする子どもにしてしまっては、本末転倒、子どもが自分の命を生きていくことにはなりません。保育者を安心感の拠り所にしながらも、自分で自分を立て直す経験を重ねていくことが3歳児保育として重要です。

　ここでは、保育者は、みいちゃんがふり返った時に見える位置に居続けながらも、みいちゃんが、大好きな保育者がいなくても安定的に過ごせるようになるように実践が展開されていきます。だれかとぶつかり合っても、人間関係は必ず修復できるという見通しをみいちゃん自身がもてるよう、工夫されていることがわかります。さらには、「赤ちゃん」という自分よりも小さな存在が、みいちゃんを変えていくことも保育者は見逃していません。子どもが小さいなりに、自分よりも小さな命を守ろうとするときに感じる自信や「イッチョマエ」意識は、やはりとても大切です。

小さい子をあやす
3歳のおねえさんたち。

2　違っていても大丈夫
　　――一人ひとりの「今」が尊重される実感の中で仲間への思いを育む

　人はそれぞれに違っています。この違っているという事実を前提にしつつ、みんながいっしょに生きられる世界をつくっていこうとしているのが現代社会です。けれども、違っている人同士がいっしょに生きる世界をつくることは、そんなにうまくいくことばかりではありません。

　いや、もしかしたら、自由気ままな３歳児と日々つきあい、苦労の絶えない担任の保育者としては、みんな同じ方向を見て、みんなが同じことをしてくれれば楽なのにと感じることのほうが、正直多いのかもしれません。

　３歳の子どもたちの様子を見てみましょう。彼らは、違った感じ方をする人ともいっしょに、楽しく、幸せに生きていく術（すべ）を日々学んでいます。３歳児とともに保育をつくりだすことで、私たちの社会もまた、新しい共存の原理を見出していけるのかもしれません。

「食べないと決めた人」とともにある保育

　お茶の水女子大学附属幼稚園の佐藤寛子さんが語った３歳児クラスでの食事場面を紹介していきたいと思います。

　３歳の人の話なんですけどね、お母さんがつくってきたお弁当を幼稚園では食べないと決めた人がいたんです。幼稚園で何も食べないで帰ったらお母さんが心配するだろうなって思うんだけど、無理に食べさせるのも違うなと思って、私も食べないで横に座っていたんです。そうやって食べない日がしばらく続いていたんですけど、「どうして食べたくないのかな」って聞いたら、「はずかしいから」って言ったんですよ。家と園とでは環境が違うから、そういうこともあるのかなと思って、その子の前についたてを置いて見えないようにしてみたんです。そしたらついたてのすきまからみんなの様子を見るようになって、とうとう何回目かのお弁当のとき、みんなが食べ終わって遊びはじめたころに、ついたての向こうで

ひとくちメモ
1876年、東京都文京区に東京女子師範学校附属幼稚園として開園。定員160名、３歳児は２クラス編成、各20名（担任１名）。

ちょこっと食べたらもう止まらなくなっちゃって、すごい勢いで食べはじめた。そういうことが一学期にありました。

㉕ 佐藤寛子「座談会：『学び』は共通言語化できるか」『現代と保育』90号、ひとなる書房、2014年、39頁。

　佐藤さんの語りから、はじめての園生活に踏み出したばかりの3歳児の逃げ出したいような、自信のないような、そんな気持ちが伝わってきます。
　それまでの生活で、自分の世界のほとんどを占めていたお母さん。そのお母さんがつくってくれたであろうお弁当は、幼稚園という慣れない場所に放り出された3歳の子どもにとって、命の基盤であると同時に、心の拠り所でもあります。
　お弁当の中身を保育者に見せ、ご飯をモリモリ食べて自分をアピールする「イッチョマエ」が誇らしい3歳児の姿もあるでしょう。でも、人生ではじめて食べる大勢の友だちとの食事や、お母さんがいないところでお弁当を食べることに、とまどいを感じる人も少なくないと思います。
　ここでおもしろいなぁと思うのは、「幼稚園では食べないと本人が決めた」ことを、ゆるぎのない前提としてエピソードが語られはじめることです。「なるほどなるほど、あなたは食べないって決めたのね」と、子どもが選んだ道をしっかり受け止める〈構え〉が保育者にあります。
　「お弁当を食べない人」がいたとき、私たちは「お弁当を食べられない人」ととらえ、できないことに焦点をあてた見方をしがちではないでしょうか。もちろん、安心して食べてほしいと願わない保育者はいません。このときの保育者の佐藤さんにも迷いはあります。食べられるようになってほしいと願ってはいます。
　でもその「食べてほしい」という保育者の願いが、子どもにぐいぐいと押しつけられていいとは思っていません。まずは本人の意志を尊重し、ありのままの姿を受け止めています。「なってほしい子ども像」を保育者がつくり込みすぎず、子どもへの願いは保育者の身体のどこかにしまっておき、いつでも取り出せる位置に置いてあるという感じに聞こえます。
　続いて佐藤さんが、「私も食べないで横に座って」いることにした姿に、**「子どもとつくる保育」**のヒントを見出せそうです。はたして、「食べないと決めた」子どもを前にして、「子どもとともに食べない」ことを選択する保育者はどのくらいいるのでしょう。この場合、保育者が食べている姿を見せて、だんだん食べてもらうように仕向けるというのが、わりと多くの保

> **＊3歳児保育を哲学する──子どもを「人」としてみる**
>
> 　ここでは、佐藤さんが「3歳の人の話なんです」（51頁）というふうにこのエピソードを切り出していることにも注目したいと思います。「子どもとつくる保育」に向かう、大切な子ども観を含んでいるのではないかと思うからです。
> 　「3歳の人」という言い方には、子どもを「人」として見ることを当たり前とする子ども理解が読み取れます。ある人のエピソードを思い出したら、その人がたまたま3歳という年齢だった、というふうに聞こえます。つまりここには、おとなも子どもも人は人、同じ人間だととらえる認識があるでしょう。
> 　筆者（塩崎）自身、お茶の水女子大学で仕事をしていた時期があり、こうした幼稚園の先生たちの「4歳の人がね、こんなこと言ったの」「あら、その人ってそんなこともするのね」という言い方にどこかで慣れ、それが当たり前だと感じてもいました。ただ、日常的に子どもについて話すときには、「この子」や「その子」という言い方のほうが一般的でしょう。もとより、「この子」や「その子」という呼び方は大意のない日常の話し言葉であり、「子」と呼ぶことが直ちに、子どもを人間としてとらえていない物言いだと指摘したいわけでは、もちろんありません。佐藤さんも後半のエピソードでは、「ある子」や「もう1人の子」という言い方をしています。絶対に子どものことを「人」とだけ呼ぶように気をつけているわけでも、おそらくありません。
> 　ただ、ここで話しはじめられた「3歳の子」ではなく「3歳の人」という言い方が含意している子どもの見方は、存外、大切なことではないかと筆者は思っています。子どものことを話すとき、子どものことを「その人」と呼ぶ保育者たちが集まり、そうした言語感覚の中でつくりだされる保育実践には、「子どもを人間としてとらえるまなざし」が根づいているように感じるということを確認しておきたかったのです。つけ加えれば、「子どもを子ども扱いしない」保育者の立ち位置や、人としての敬意をもって子どもに接することが当たり前になっている保育風土の中でこそ、「子どもとつくる保育」が実践されていることを意識しておきたいと思います。

育者がとる保育方法ではないでしょうか。

　でも佐藤さんは、いっしょに食べないことを選んでいます。そして、子どもとともに「食べない」何日かを過ごしたあとで、ようやく子どもに「食べない」気持ちを聴いています。それまでは直接に、なぜ食べないのかを聴くような野暮なことはしていません。私たちはとかく、「どうして食べないの？」「何かいやなことがあった？」「食べないとお母さん心配するだろうな」などと、お弁当を食べない人を目の前にするやいなや、たたみかけるように詰問しがちではないでしょうか。

　保育者の心配は、ある意味、当然です。子どもが「食べない」ことは、園に慣れていないことや緊張感を感じていることなど、日常に対するなんらかの違和感や抵抗があることを示していると読み取れるからです。で

も、保育者としては、心配を子どもにぶつけられれば一息つけるのかもしれませんが、思いをぶつけられた子どもにとって、それはどういう意味をもつのでしょうか。食べないことを責められて、気持ちのいい人はいません。

　本来、だれよりも子ども本人が「食べられたらいいなぁ」と思っているのではないでしょうか。食べたいけど食べられないことが問題であり、「食べてごらん」と言われて食べられるのであれば、最初から食べていたことでしょう。必要なのは、「私は子どもに食べなさいと言いました」と保育者だけが肩の荷を降ろす既成事実（やったことリスト）ではなく、子どもとともに、子どもの幸せへ向かう方途を探ることでしょう。

ついたて越しに見える世界を用意する

　佐藤さんがつくりだす保育実践の流れから、子どもと同じ時間・空間を過ごし、子ども自身がその視線の先に見ている世界をイメージすることの大切さに気づかされます。

　食べないと決めた子どものことを保育者が大切に思っていることは、保育者も「いっしょに食べない」ことを選んでいる姿から子どもたちに伝わっています。「あなたはあなたのままで大丈夫」だと保育者が思っていることが、言葉ではなく、「食べない」ことを肯定するその行動によって示されています。「食べない」時間を共有してくれた保育者から思いを聴かれ、子どもは「はずかしい」とこたえました。人の気持ちは自分自身のことでさえわからないことでいっぱいですから、ホントのところはわかりませんが、「なるほど、はずかしいのか」と、保育者はその人の気持ちを受け止めつつ、ついたてで「見えないように」してみるというユニークなアイデアを試してみます。

　すると、「食べないと決めた人」の視線の先にあった〈友だちがいる世界〉が、〈ついたて越しにみる世界〉にかわりました。友だちが自分を見ているようではずかしくて友だちをよく見ることができなかった人が、「見られないで見る」ことができる視角を得たことで、まわりの様子をよく見ることができるようになり、安心感を手にすることができたという展開でしょう。

　見通しが立たずに不安な気持ちでいっぱいなこともある3歳児に対して、本来あるべき姿（お弁当を食べること）を示し、言葉で懇々と説得して

も、「子どもとつくる保育」にはなりません。「こんなふうにしたいかもね？」とか、「こうしたら食べないでいることよりももっと安心ね？」などと、**子どもの感じていることを想像し、その人にぴたっとくる選択肢を用意することが大切でしょう。**

ついたてによってまわりをよく見る時間を得て、子どもは、園がそれほどおそれなくても大丈夫な場であることを確認したのでしょう。自分が尊重されているという安心感をもって、友だちといっしょに食べるきっかけをつかんでいきました。最終的には食べられるようになったわけです。

友だちの困難をともに感じ、つながっていく

この1学期の「ついたて実践」には、3学期への続きがありました。

そんなこともすっかり忘れた3学期、別の人がお箸を忘れてきちゃった。「ぜったいお母さんが入れたはずだ」って言うから、みんなで探すんだけど見つからない。幼稚園のお箸を持ってきてもダメ、「手でも食べられるんじゃない」とかいろいろ言っても食べない。「じゃあ、あなたも食べないんだったら私も食べないわ」って2人で食べないことにしたら、ある子がついたてを私たちの前に

ひとくちメモ

このとき、子どもにぴたっときていないようであればすぐに提案を撤回できる潔さをもっていなければ、提案をしてはいけないのだと思います。あくまでも「子どもとともに」です。子どもが合意しているかどうか判断に迷うときや、言葉にできないけれど「何かが違う」というような違和感があるときには、その違和感をもった自分の感性を信じ、自分のアイデアを取り下げられる柔軟さが保育者には必要でしょう。「子どもの声を聴く」というこの態度が、私たちが思うほどにはたやすくないのですが、子どもの気持ちを置き去りにして保育者だけが先走る保育をしないようにしたいものです。

持ってきたんです。

　1学期の出来事を覚えていたようで、あの時はまるで関係なく過ごしているように見えた3歳児が、3学期になって、私ともう1人の子が食べられないでいるのを見て、こうしたら食べられるんじゃないかって思ってついたてを持ってきた。わあ、すごいなあって思ったんです。子どもってクラスの中で起こっている出来事をほっとかないんだなって。　　　　　　　　　　　　　　　　❷⓺ 同前。

　3歳の3学期ですから、お母さんから離れた生活にもだいぶ慣れてきたころだと思われます。でも、「自分のお母さんはお箸を入れたに違いない」とかたくなに主張する3歳児のこだわりは、やっぱり母親を拠点に子どもの生活が成り立っている様子をよく示しています。

　ここでまた興味深いのは、このお箸へのこだわりに対して、保育者が懇切ていねいにこたえている姿です。「お母さんも忙しくて忘れちゃったのよ」とかなんとか言って気をまぎらわせるのではなく、まずは「みんなで探」しています。子どもの思いは取るに足らない小さなことではなく、「お箸がない」、しかも「あるはず」だとすれば、たしかにそれは「みんなで探す」一大事でしょう。子どもの発言を、子どもの「勘違い」や「思い込み」として、軽く扱うようなことはしていません。子どもから見えている世界に、全力で対応しています。

　そしてここでも佐藤さんは、「いっしょに食べない」ことを選んでいます。おそらく、こうした「食べない」ことを共有する佐藤さんと子どもとのかかわりは、子どもたちの身体記憶に蓄積されていっています。

　動物の中で、自分のまわりに「食べない」個体がいるとき、ともに「食べない」ことを選択できる動物は、おそらく人間だけでしょう。空腹で、おいしい食べ物が目の前にあるにもかかわらず「食べない」でいることは、原理的に考えれば、生き物としての生命維持の原則に反する事態です。にもかかわらず、ともに「食べない」でいることを選択した行為が結果として人と人とをつなぎ、生きる基盤をつくっていくことが、この佐藤さんの実践からは察せられます。このような形で**「協力を可能にする心*」**を進化させてきたのが人間の特性でしょう。

　人間には、「わたし」モードではなく、「わたしたち」モードで物事に取り組む姿勢があります。何かの困難に出会ったとき、「1人の責任でなんとか

＊3歳児保育を哲学する──「ともに食べる」ことから「協力するヒト」へ

　人は他の動物に比して、特異に「ともにあることを求める」動物であると、近年の認知心理学では指摘されています。認知心理学者マイケル・トマセロは、他の動物とヒトとの違いを次のように説明します（橋彌和秀訳『ヒトはなぜ協力するのか』勁草書房、2013年）。

　人間以外の動物には見られない、「ヒトに特異的なコミュニケーション行為」としてもっとも基本的なものとされる「指さし」という行為では、とかく「何を指さしたか？」という指し示されたモノに注目が集まりがちですが、モノと同様に、あるいはモノ以上に重要なことは、「だれに示そうとしたか？」という親密な他者の存在です。モノの存在や位置がわかっても、「情報を共有したい」と思い浮かべる親密なヒトがいなければ、ヒトが「指さし」を行うことはありません。「指さし」とは、ヒトがヒトを心に思い浮かべ、ヒト同士をつなげる行為の基本として、もっともヒトらしい行為なのです。

あっ！　なんかいる！

　遠い昔、ヒトが木の実を集めて生きていたころ、木の実の採集中に行われた「指さし」には、即時的かつ明確に、「木の実、そこだよ」という意味がありました。「指さし」には、「協力して木の実を見つけようね」というメッセージが含まれていたわけです。見つけたものすべてを独り占めするのではなく、仲間とともに採集するために「指さし」が行われました。こうした情報共有の「指さし」から出発したヒトは、最終的には、「ある個体が他の個体の木登りを援助して、あとで分配すべき食物を手に入れるといった協働的な果実採集」を行えるようになったといわれます。高度な協力体制の構築によって、ヒトが他の動物とは決定的に異なる繁栄を手に入れてきたことはご存知の通りでしょう。ヒトがヒトとつながろうとする傾向をもち、ヒトが生まれながらに協力したがる動物であるという事実は、このように、「指さし」をともなう食物採集という原初的コミュニケーション行為に現れています。

　両者の利益になるこうした「相利的」な情報の共有は、人間以外の動物では見られません。「相利的」とは双方に利益がある状態を指します。自分のためにする「利己的」とも、他者のためにする「利他的」とも異なります。この相利的な「指さし」が、「木の実、そこだよ」といった木の実採集の状況（文脈）に依存した意味をもち、協力関係が生まれる基盤になってきたわけです。

　人間がそもそも果実採集をしていた動物だったという生態学的条件が、「協力する」というヒトならではの特性をつくりだしてきました。そして、動物としてのヒトが人間らしい能力を獲得するようになった大きな要因として、「ともに食べる」という目的（ゴール）を共有していたことがあげられています。「ともに食べる」という目的があったからこそ、「相互知識、共通認識、注意の接続、相互認知環境、間主観性」などの認識構造や特性を人間はもつようになったと考えられます。

　人間のもつ、まわりの人が自分と同じモノを見ていることがわかり、かつ相手が見ている世界をイメージできるという特性の土台には、「ともに食べる」文化があるのです。

する」のか、それとも、「みんなで向かい合って解決する」のか。だれかが図らずも「食べられない」事態に直面してしまったとき、「自分たちの先生」がどんなモードで対応するのか、子どもはよく見ています。

　１人の困難を、「わたしたち」モードで乗り越えようとする保育者の〈構え〉をこれまでにいくども経験してきた子どもたちは、新たな友だちの危機に対し、「わたしたち」の課題として取り組むことを習慣化しています。「クラスの中で起こっている出来事をほっとかない」子どもたちを育ててきたプロセスの中に、子どもたちとともにある佐藤さんの保育実践があったことはまちがいありません。

　また、このエピソードから、３歳の子どもたちが、お互いが「食べる」姿をよく見ていることに気づかされます。私たちは、保育における食事の場面でも、「ともにありたい」と願う子どもの意志を感じます。子どもと子どもの間に置かれたついたては、視界をさえぎる壁にも見えますが、じつは子ども同士のつながりを断つものではありませんでした。むしろ、ついたてのすき間から見える友だちの姿こそが、「食べない」自分から「食べる」自分へと変わっていくきっかけをつくりました。そして、もう一方のまわりの子どもには、「食べない」人から見えている世界を想像してみる「やさしさ」や「気づかい」への余剰をつくりだしました。ついたてによって、まわりの子どもたちは、「食べない」気持ちに共感する機会を与えられ、子ども同士がお互いに「心を読む」経験をしたのだと思います。

　まだまだ自分だけの世界にいるように見える３歳児ですが、子どもたちは、他の人に見えている世界を想像し、自分の気持ちもまわりの人に想像されていること、自分の気持ちが配慮され気づかわれていることを、おぼろげながらも感じる経験をしています。人と人とのつながりをつくりだすついたてを介した「食事」場面は、人の心をイメージすることをうながす保育実践だったと考えられます。

　「**相手の思いを想像する行為**」は人間が協働して生きていくための基盤であり、３歳の子どもが、これから４歳になり、そして５歳へと育っていく中で、何度も立ち戻る人間関係の土壌になるでしょう。

実践　忘れられない１年　　　　　　　　　鈴木里絵　東京・墨田区公立保育園

元気すぎる（？）子どもたち

　はじめての転勤で担任することになったのが３歳児クラスぱんだ組、19人の子どもたちでした。もう１人の担任は持ち上がりで、私１人が新しい環境に慣れない中、子どもたちは元気いっぱい。ぶつかり合いのはげしさも半端ではありません。

　散歩に行こうとすると、だれと手をつなぐかで大ゲンカ。それに対処しているうちに別のケンカがはじまり、結局時間切れで出発できなくなることもたびたび。散歩先でもケンカが多く、ゆっくり遊ぶことができませんでした。

　また、３歳の保育室のとなりが事務所、その先にポーチ、ホールと続いていて、子どもたちは行きたい放題でした。他職員とも連携しつつ、担任２人は保育室と廊下、ポーチと行ったり来たりし、目をかけ、手をかけ、声をかけ、その合間にケンカを止めるという毎日でした。

心と身体が動くとき

　進級してしばらくたっても落ち着く気配がない中、このあふれるエネルギーをいくらでもぶつけられるもの、心から楽しいと思えるもの、だれにも評価されることなく邪魔もされない子どもたちが大好きなものをすることが必要なのではないか……と考えてはじめたのが泥んこあそびでした。

　泥んこが苦手な子どもたちもいましたが、体中真っ黒にして遊ぶ子どもたちに誘われて、いつの間にか、自分から泥水の中に飛び込んだり、バシャバシャと走りまわったりするようになりました。夏にかけて、来る日も来る日も、泥んこあそびを楽しむようになりました。

　３歳児クラスになると、今までおとなにやってもらっていた「朝夕のしたく」（お手ふき・コップ・連絡帳などを所定の位置にしまう、ロッカーに自分の服をしまったり汚れたものを持ち帰る）など、自分で自分のことをする場面が増えてきますが、そういう身の回りのことが苦手な子どもたち。「生活面はどうなっているの？」と他クラスの保育者からも心配されるほどでした。

　でも、子どもたちにまだその気があまりないのに、おとながその場で教えたり叱ったりしてやらせても、なかなか身につくものではない。今はあそびを充実させる時、と腹をくくって年度の前半を過ごしました。案の定、友だちとのあそびが楽しくなってくるにつれて、早く遊びたいからと、それまで自分からはぜんぜんやらなかった子どもたちも、さっさとしたくをすませるようになってきました。

うれしい気持ち・楽しいことを共有し合う関係に

　あるとき、好き嫌いがはげしく、嫌いなものはどうしても口に入れようとしなかった女の子が、苦手なものをはじめて自分から口に運びました。すると、まわりの子どもたちが「すごいね」「よかったね」と拍手をして、いっしょに喜んでくれたのです。自分のことで精一杯だった子どもたちの成長を実感した出来事でした。

　散歩にも、徐々にスムーズに行けるようになり、少々遠い団地の裏に出かけられるように

なりました。そこは学校あり、神社あり、林ありと、探険するにはぴったりの場所でした。

　毎回散歩に行くたびに、子どもたちは見つけたものを持ち帰ります。おとなからみれば"ガラクタ"なのですが、子どもにとっては大切な宝物。家から空き箱を持ち寄り、1人1つずつ宝箱をつくることにしました。ひからびたみかんの皮や種などが入っていてみんなで大笑いしたこともありましたが、どんぐりやきれいな花びら、石などを、子どもたちはとても大切にしていました。

本物のような、そうでないような「素話」の世界

　泥んこあそびや散歩と並んで年間を通して続けたのが午睡時の「素話」でした。

　最初は、なかなか寝ようとしない子どもたちをなんとか寝かそうと、「ねずみばあさんがくるよ……」などとささやく程度のものでしたが、続けていくうちに、何か工夫はできないかと、子どもたちのいつもの様子をお話の中に入れてみました。ただしお話に出てくる保育園名やクラス名は、ぱんだ組ならぬ「ぱん組」などと、本当の名前をちょっと短くしたものにしました。子どもたちの名前や行動も、実際に似ているような、そうでないような……。聞いている子どもたちは、「あれ？　これはぼくたちのこと？」と半信半疑。それがかえっておもしろいらしく、「せんせーおはなしして」と毎日せがむようになりました。

　回を重ねるごとに、楽しかったこと、うれしかったこと、くやしかったことなどを織りまぜ、1人の気持ちをみんなのものにしたり、みんなで共感したことをより深く心に残すための内容になっていきました。話している保育者も楽しくなって、つい夢中になり、いつまでたってもお昼寝にならず、「ぱんだ組さん、いい加減にしなさい！」なんて、園長先生に叱られてしまったことも……。

　お話によく出てくるのは、「やまんば」。その日のお話をもとに、散歩で探険ごっこを楽しんだりもしました。素話は、あそびと眠りの世界をつなぐ、子どもたちの大好きな時間となりました。

　そして、生活発表会では、この素話をベースに劇ごっこをすることにしました。だいたいの筋書きはありましたが、練習では、その日によって子どもたちの動きやセリフは違います。本番も、いつもの探険の延長のような気持ちで、即興の展開を楽しむ子どもたちでした。

"楽しんで保育する"を守りたい

　最初のころは、このクラスは"どうなるのだろう"という気持ちが正直なところでした。しかし、毎日のように担任同士で話し合って、あそびを続けていくうちに、日に日に変わっていく子どもたちの姿を目の当たりにしたり、応援してくれる園や保護者のおかげで、大変ながらも楽しく1年の保育を続けていくことができました。

　とくに、ごっこあそびも素話も、保育者がレールを敷くのではなく、その時々の子どもたちの発想を拾い集め、織りまぜていく作業がとても楽しかったです。保育者が楽しくなければ、子どもたちだって楽しくないと思うのです。今の現場は余裕をもって実践することはなかなか厳しい状況ですが、"楽しんで保育する"ということは絶対に守っていきたいと思っています。

第3章
いくつもの時間を生きる子どもたち
——多様な「おもしろさ」が息づく毎日をつくりだす

3歳児が夢中になる3つの「おもしろい」時間
❶ ほぐれる時間──心地よく人とつながるおもしろさに身体をゆだねる
❷ つくっている時間──手ごたえのある「かけがえのない」おもしろさに没頭する
❸ なりきる時間──虚構の世界で遊びながら真新しいおもしろさと出会う

　おもしろいことが大好きな3歳児と暮らしていると、そこにはいろんな種類(タイプ)の時間が流れていることに気づきます。集中する時間、ほっとするひととき、きらりと瞳が輝く瞬間、キョトンと動きが止まる数秒の間(ま)、時空を越えた虚構の世界で遊ぶ不思議な時間……。3歳の子どもたちは、必ずしも活動や生活の区切り、あそびの種類とは対応しないこうした質の異なる時間たちをボーダーレスに渡り歩きながら、それぞれのおもしろさを見つけて楽しんでいるようです。そこで本章では、「時間」という窓から、3歳児に保障したいおもしろさと保育のあり方を探っていきたいと思います。

まわった！

1 ほぐれる時間——心地よく人とつながるおもしろさに身体をゆだねる

身体をほぐし、心もほぐす「オニごっこ」

　大好きな保育者に追いかけられ、つかまえられ、抱きしめられ、くすぐられる「オニごっこ」が、3歳児は大好きです。
　年度はじめの4月、**愛知県名古屋市の公立保育園、3歳児クラスくま組**担任の田境　敦さんも、次のような実践をしています。

> ひとくちメモ
> 実践当時、定員90名、3歳児20名（担任2名）。

＊愛のオニごっこ
　子どもたちに慣れてもらいたいな。安心した日々を送ってほしいな。ということを考えると、何はともあれ「信頼関係を築かなければ！」ということになるのです。関係を築くためには……いろいろ考えましたが、やはり思いをストレートにぶつけるべきだ！　と"愛のオニごっこ"を楽しむことにしました。これは、担任（田境）が「だいすきだよー」「だっこさせてー」と叫びながらひたすら子どもたちを追いかけ、ぎゅ〜とだっこしていくというシンプルなあそびです。大好きなほど、相手は逃げていくというなんとも哲学的教訓を含んだあそびでもあるのです。子どもたちは「ぎゃ〜」と逃げていくのですが、ぎゅ〜っとだっこされた時には、ニコニコ、そしてまた逃げていきます。スキンシップもたくさんとれて、おとなも子どももとっても楽しく、今では、「あいのオニごっこやろー」とブームの兆しが見えてきました。保育園の園庭でなら何も問題ないのですが、お散歩先の公園ではじまった"愛のオニごっこ"は、今思うと、道行く人はどう思ったのかな……と。しかし、何はともあれ信頼関係！　なわけで、道行く人もなんのその！　"愛のオニごっこ"を楽しんでいくぞ！　と心に決める担任（田境）です。㉗

> ㉗ 田境敦（愛知・名古屋市公立保育園）「くまぐみだより」（2015年度5月号）より抜粋・編集。

　じつは田境さんはこの園に転勤したてでした。同僚との関係は様子見中、子どもの様子も手探り状態です。「だいすきだよ〜」と叫びながら追いかけるこのオニごっこが、3歳の子どもとの新しいつながりをつくりつ

つ、田境さんの保育を同僚にも披露していきます。

　大好きな保育者に追いかけてもらいたい、つかまえてもらいたいという子どもたちの願いにこたえながら、「あなたはわたしを見てくれているの？」という３歳児が感じる４月の不安を取り除いています。人と人とのつながりを何度も確かめたい３歳の子どもたちの姿と、この「愛のオニごっこ」あそびは相性がいいのでしょう。子どもの笑顔があふれています。身体を動かし駆けまわり、**身体も心もほぐす「オニごっこ」**は、３歳児が楽しさを自分のものにしていく基盤となる実践でしょう。

　ここで３歳児がどんなふうに「あい」を受け止めているのかは見当もつきませんが、きっと保育者である自分が「愛」と呼ぶモノとはズレているに違いないというおかしさが、保育者側の気分を盛り上げてもいます。あそびには、保育者自身が子どもとともにおもしろがり続けるための「ユーモア」が必要です。そもそも、保育者がおもしろがっていない姿を、３歳児はどう見るでしょうか。まずは、子どものそばにいるおとな自身がおもしろがるあそびが「**子どもとつくる保育**」のポイントになるでしょう。

あそびの中で「ごっこのルール」を共有する

　もう一つ、愛知のひまわり保育園、保母理英子（ほぼりえこ）さんによる６月のオニごっこを紹介します。園長先生の履いていた「トラのスリッパ」から、トラが話題になっていた３歳児の散歩先での実践です。

ひとくちメモ
1968年、名古屋市昭和区に開園。社会福祉法人緑の丘福祉会運営。実践当時、定員60名、３歳児10名（担任１名）。

＊「トラトラ、お・き・ろ！」のオニごっこ
　「八幡山にはまさかトラはいないよね〜？」と保育者が言うと、「おやまだからいるかもしれないよー」と子どもたち。そうか、ではもしものためにとリュックの中に黄色と黒のしましま模様の"トラロープ"を入れて散歩にいくことにしました。八幡山に登る途中、昨日"トラのウンチ"と言っていた木の実がまた落ちていて、

　こうた　「やっぱりここにもきたんだ」
　なみ　　「どれどれ？　トラのウンチどれ？」
　しょう　「ホラ、これ。くさいだろ」
　なみ　　「クンクン、ほんとー。トラくさいねー」
　さや　　「こわいから、ひろわんでー」

　こんなやりとりをしながら探索したあとで、「トラってどんな顔だった？」という話から、子どもたちにイメージを聞きながら「こーんな感じー？」と保育者が声色も変えてみせると、だんだん子どもたちがニヤニヤしてきて、「せんせー、トラになってー」と言い出しました。
　「いいよ」と言うと、子どもたちはいつもの変身呪文を唱え出します。

「チチンプイプイ、トラにな〜れ！」

　それを合図に保育者は長いトラロープを持ってトラに変身。子どもたちはチビ縄をお尻につけて各自自分の好きな動物に変身。
　保育者のトラがロープを結んである木の根っこでグーグーと寝たふりをしていると、子どもたちがゾロゾロと近づいてきます。「おい！」とか「こっちだよ？」とかいろいろ言って挑発しはじめたので、「『トラトラ、おきろー！』って言わないとこのトラは起きないのだ」と寝たふりのまま保育者が言うと、みんなが口々に「トラ、トラ、お・き・ろー」。
　急にガバッと起き上がって「ガオーまてー！」と保育者が追いかけはじめると、反対側の斜面に「キャー！」と駆け上がっていく子どもたち。下まではモーレツに追いかけるふりをして、ぴたりと止まり、「ちぇっ逃げられたか。もう一眠りしてこよう」とまたトラの陣地へ戻り寝たふりをしていると、すぐまた子ど

もたちが駆け降りてきて「トラ、トラ、お・き・ろー」と大きな声で叫びます。
　しゅんくんはなかなかトラのそばまで近寄ってこず、様子を見てすぐ安全地帯へ戻っていますが、本気でこわがっているというようではなく、それで結構スリルを味わっているようです。
　それぞれ思いきり近づく時や、少し後ろから様子を見てすぐ戻れるようにしている時もあり、自分のペースで楽しんでいる様子。必ずと言っていいほど、まっ先に起こしにくるのは、じんくん、こうたくん、あいちゃん。あいちゃんはよくこけて泣くけれどもすぐまた立ち直ってきます。㉘

　ここでは、トラを演じる保育者の保母さんの姿から、子どもたちのトラのイメージがふくらみオニごっこがはじまっています。用意周到に準備されたトラの色をしたロープがトラの寝姿を演出しました。3歳児とのイメージの共有には、こうした小道具も重要なことがわかります。そして何よりも、子ども一人ひとりのつぶやきやこわがりの度合い、泣いたり転んだりする身体の動きをよく見て、追いかけたり、立ち止まったりしている保母さんの「保育者としての専門性の高さ」に驚かされます。子どもの声や動きを見逃さず、それぞれの子どもをていねいに理解することがオニごっこあそびを盛り上げるコツだということがわかります。
　「『トラトラ、おきろー！』って言わないとこのトラは起きないのだ」という保育者の名演技によって、子どもたちは、保育者の演じるトラとのワク

㉘ 保母理英子「3歳児 1999年度　ルールへのはじめの一歩」『3歳児 4歳児の保育』愛知県小規模保育所連合会保育部会、2009年、20～22頁、より抜粋・編集。

ワクするようなやりとりがはじまることを理解し、口々に「トラトラおきろー」と叫んでいます。散歩先の公園につくりだされた「トラとのオニごっこ舞台」です。保母さんは、「オニごっこのルール説明」などは取り立てて行っていません。トラに「おきろー」と呼びかける子どもの声を合図に、保育者のトラは急に起き上がり、「まてー」と追い、「ちえっ逃げられたか」とくやしがります。この物語のわかりやすさと、演じる動作の大きさによって、子どもたちはオニごっこのルールを理解していきます。しかも、こうした大袈裟な演技によって、子どもたちは保育者が「手ごころ」を加えてくれていることや、トラや動物になりきる「ごっこあそび」の世界は現実ではないけれど安心できる楽しい世界であることを、認識していくのではないでしょうか。

　信頼できる保育者との１対１の関係を軸にしながら、子どもたちは、仲間とオニごっこのルールを共有して遊ぶ心地よさを味わったり、物語のトラから逃げきることで「自分のすごさ」を自慢に思ったりしています。「イッチョマエが誇らしい３歳児心」をくすぐるしかけが「トラとのオニごっこ」に埋め込まれています。トラ役の保育者が追い、子どもが逃げるという単純なオニごっこですが、保育者がトラを演じ、時に手加減し、それぞれの子どもがスリルを味わいながら「逃げきる」状況をつくりだすことで、子どもは気分よく仲間とのあそびを体感することができています。

柔軟に、臨機応変に

　続きを見てみましょう。

　何度かこの単純なくり返しを楽しみキャ〜と大喜びで逃げていました。だんだん余裕もできて全員が降りてきては逃げるようになりました。10回くらいくり返すと少し疲れてきて、逃げ遅れたり、高く登ったきり降りてこなかったりする子がでてきました。
　そこで、今までだれもつかまえていなかったトラが、試しにけいたくんとまみちゃんをつかまえてみました。ちょっと困惑した感じでしたが、「すぐに食べるのはもったいないから、ロープにつないどこう。こらー、おまえたち、タッチするなよー。タッチしたら逃げられるからなー」とトラの保育者が言い放つと、様

子をみていた子どもたちはなんとなくニヤニヤ。つかまった2人もおとなしく保育者についていき「このロープにつかまっているんだぞ」と言われると、2人でロープをつかんでニコニコしています。トラが寝たふりをすると、ターッとすかさずこうたくん、あいちゃん、さやちゃん、みつおくんらが横から走ってきてタッチ。2人を助けてサーッと逃げる。「あっ、こらまて?!」と追いかけて、まただれかをつかまえる、というくり返しになりました。㉙

㉙ 同前。

「こらー、タッチするなよー」というトラのセリフから、3歳の子どもたちは、「タッチしたら逃げられる」ことを理解しています。先に見た場面同様、あそびを通したルールの説明や一人ひとりの子どもへの配慮によって、堅苦しい雰囲気にはならず、みんなで遊ぶ楽しさがそれぞれの子どもに実感されています。一人あそびも好きだし、みんなで遊ぶのもおもしろい。そんな3歳児が保育者やまわりにいる友だちの存在に安心し、気兼ねなく、一人でも、友だちとでも夢中になって遊べるように、**身体をほぐし、その場の雰囲気をほぐしていくこと**が大切でしょう。

言い換えれば、「3歳児とつくる保育」とは、「手を洗いましょう」「机にはのらないで」というような、おとながすでに「わかっている常識」を伝えるだけでは成立しないということです。「どんな自分でも大丈夫」だと子どもが感じられるよう、くすぐったり、抱きしめたり、なでたり、追いかけたり、まずは保育者が子どもと親密になり、子どもから信頼され、**子どもが安心できる基盤**になる必要があります。保育者と子どもとの関係が良好でなければ、3歳児とつくる保育はできません。

3歳担任は泥だらけ・傷だらけ。でもまたやるなら"3歳"と語るやまなみこども園の啓さん。

2 つくっている時間
―― 手ごたえのある「かけがえのない」おもしろさに没頭する

　まわりなんか気にせずに熱中している３歳児の姿をよく見ると、何かを「つくっている」場合が多いことに気づきます。現象としては「こわしている」ことも含め、夢中になって、我を忘れてモノに向かう瞬間も人が育つ過程には必要でしょう。そこでここでは、３歳児にとことん「つくること」に打ち込める場を保障することの意味を探ってみることにしましょう。

モノをつくることを通して「子どもとつくる保育」

　次に紹介するのは、やまなみこども園の山並啓さんによる「モノづくりは人づくり」と題された実践記録です。
　母親と別れるのが心細い新入園児のはるなちゃんのために、啓さんは、部屋に風船をいくつも用意したり、ダンボールで迷路をつくったりしてみました。たしかにそれによって、はるなちゃんも一時は気がまぎれるようですが、本当にうれしそうには見えません。

　ある日、泣きべそをかきながら登園してきたはるなちゃんに「いっしょに泥だんごつくろう」と誘ってみると、「どりょだんごつくりゅ、つくりゅ」とあっさりお母さんから離れられました。はるなちゃんの泥だんごはまだきれいな球体にはほど遠く、すぐにぐちゃっとつぶれてしまいます。けれどすぐに水のかけてある土のところに行っては「どりょだんご、どりょだんご」とはじめます。はるなちゃんが泥だらけになって夢中でヌチャヌチャやっていると、ぶっきらぼうのまりんちゃんがやってきて「はるな、さら粉かければいいとたい」と、自分の泥だんごにさら粉をかけ、ころころ丸めるところを見せていました。
　まりんちゃんは自分だけのさら粉を茶碗に入れて隠しもっているのです。はるなちゃんはそれを見てさら粉にするための乾いた土をふるいはじめました。まりんちゃんと同じような茶碗を見つけてきてさら粉を入れ、その中で泥だんごをこ

ろころ転がすときれいな球体になっていきます。そんなはるなちゃんのヌチャヌチャから進化した泥だんごを見てまりんちゃんは「はるな、泥だんご上手になったねぇ」と笑いかけ、しっかり認めてあげるのです。ほめられたはるなちゃんは「うん、さら粉かければいいもんね」と満面の笑顔。はるなちゃんが仲間の中に入ってゆけたのは、泥だんごをつくりながら共感し合う関係をつくっていったことがはじまりでした。やっぱりそれはいくつもの風船よりもダンボールの迷路よりも魅力的だったのです。

[30] 山並啓「モノづくりは人づくり」『現代と保育』61号、ひとなる書房、2005年、25〜26頁。

「イッチョマエ」が誇らしい3歳児のはるなちゃんにとって、保育者がつくってくれた風船やダンボールではなく、「自分がつくった」泥だんごを手にしたことは、園生活が自分のものとしてはじまる、大きな一歩になったのではないでしょうか。

自分「が」つくる泥だんご

はるなちゃんは、この日、泣きべそを慰められる受け身の存在から、自分「が」泥だんごをつくる能動的な存在に変身しています。はたから見れば「ぐちゃっとつぶれてしまう」だんごかもしれませんが、「自分がつくった」そのだんごは、はるなちゃんにとって、かけがえのないだんごに違いありません。加えて、くり返しの中にさえ新しさを感じられる「未視感*」をもった3歳児だからでしょうか、一度終わるとまた「すぐに」、泥へ向かっ

＊3歳児保育を哲学する──「未視感」に秘められた社会参画への萌芽

未経験のことをすでに経験したことのように感じる感覚を「既視感（デジャヴ）」と呼ぶのに対して、見慣れた光景や物事が未体験の事柄のように感じられることを「未視感（ジャメヴ）」と言うそうです（フロイト著、生松敬三他訳『日常生活の精神病理学』人文書院、1970年）。昨日まで登れなかった高い台に登り、ジャンプして飛び降りることができたとき、いつもの散歩道が見知らぬ散歩道にさえ感じられる3歳児の感動は、この「未視感」に近いものではないでしょうか。

この、日常を「新しく感じる」感性のベースには、それまではだれかがしていたことを「自分がした」という能動的な達成感があると考えられます。「自分だってこの世界のつくり手なんだ」という社会参画への萌芽的実感です。「イッチョマエ」な3歳児の生きる時間とは、世界に働きかけることができる有能な自分を自慢に思い、自分への信頼を獲得していくプロセスそのものであり、これから「人生の主人公」として歩き続けていくうえでひときわ大切な時期なのではないでしょうか。

「つくっている」ときは、寡黙。

ていく軽やかな足どりが印象的です。「つくること」によって、新入園児のはるなちゃんにも、園内に居場所ができました。そして「泥だんごをつくる」ことが「はるなちゃん自身をつくる」ことに重なっている過程を、啓さんはしっかりととらえています。まさに、「モノづくりは人づくり」ということでしょう。

しかも、働きかければ容易に変容する「可塑性の高い水や土」は、子どもが有能感を感じられる格好の素材です。とくに手でさわってこねることで、自分が形を変えたことを実感できる「泥」は、自分の手で世界（泥）を変えることができるという「創造（参画）」体験として身体の記憶に残ります。「何度でもやり直すことができる」素材であることが、水や土や泥のよさであることは、よく指摘される通りです。

さらにこの時は、まりんちゃんによる「さら粉」伝授が「つくることの進化」を支えました。「ぶっきらぼう」に見えるまりんちゃんですが、「泥だらけ」で「夢中でヌチャヌチャ」しているはるなちゃんが泥だんごに集中しているエネルギーの高まりを見逃すことはありませんでした。まりんちゃんがはるなちゃんの「つくっている行為」を見つけて励ます姿は、一朝一夕に生まれたわけではないでしょう。保育者の啓さんたちが、常日頃から、人が「本気になる瞬間」や「夢中になる瞬間」を大切に支えてきたことの成果だと考えられます。泣きべそのはるなちゃんにぶっきらぼうなまりんちゃんが泥だんごのつくり方を伝えるような瞬間こそ、私たちの目指す〈保育の成果〉といえるのかもしれません。

はるなちゃんはここで、「茶碗にさら粉を入れ、その中で泥だんごを転が

す」技を、まりんちゃんの手順を見ながら自分なりのやり方で習得していきます。自分で泥だんごをつくったことによって、はるなちゃんの「イッチョマエ」な気分はすでに十分に高まっていたと思われますが、さらに友だちのまりんちゃんのつくり方をまねしたことで、彼女はまた別の満足感を得ています。

　それは、まりんちゃんがつくっている過程でしていた動作をまねし、まりんちゃんがつくりながら感じたことを想像し、はるなちゃん自身が「再現してみる」おもしろさです。友だちのしていたことをまねすることで、はるなちゃんは、まりんちゃんの経験を自分の経験に重ねて考える術を身につけています。人間は、他人の経験からも学ぶことのできる知的な動物ですが、こうした一連の「想像」「模倣」「創造」「共感」を含む「つくっている時間」の経験が、他人から学ぶ基盤をつくるのではないでしょうか。

「ピンクのありんこ」をおもしろがる

　もう一つ、東京都墨田区の公立保育園、3歳児クラスちゅうりっぷ組から、高橋光幸さんが『ありんこぐんだん わははははは』の絵本をもとに楽しんだ「つくっている時間」のひとときを紹介します。「ありんこ」になった3歳の子どもたちが園内を探索し「角砂糖」を見つけ、「泥プリン」づくりをするという展開のはじまりの部分です。

> ひとくちメモ
> 実践当時、定員100名、3歳児20名（担任2名）。

　高橋さんは同僚の保育者と、ちゅうりっぷ組の子どもたちの「困った」ことにもなる姿を、次のように「共感能力の高さゆえ」だと判断し、子どもたちがおもしろくって「飛びついてくる」保育を考えることにしました。

　共感能力の高さが、散歩の途中でワァーッとたんぽぽを摘みに走っちゃったり、片づけの途中でワァーッと廊下に出ていっちゃったり、そういう困ったことにもつながっちゃうわけだけど、楽しいこと、おもしろいことをこちらがしっかり提起してあげれば、そこにも飛びついてきてくれるわけで、だから、そんなふうに思ってもらえることをいっぱい提起してあげようね！[31]

> [31] 高橋光幸（東京・墨田区公立保育園）実践記録「プライド――『笑い』を真ん中に、おもいを受け止め、おもいをつなげる」（2006年度）より抜粋・編集。

　そして、この日、ちゅうりっぷ組の子どもたちは、「ありんこ」になるための「ありんこのお面づくり」が用意された部屋に登園してきました。

＊今日はありんこ軍団

　まずは朝、固めの紙にありんこの絵を描いといてあげて、「これでお面つくってあげるけど、色ぬってみない？」と誘ってみました。当然、「やりた～い！」とほとんどの子が目を輝かせます。いつもはの～んびりして、朝のしたくがなかなか進まない子たちも、今日はさっさと終わらせて、私のところへ走ってきます。「うん、いきなりいいぞー！」。ありんこだからやっぱり黒。おとなはそう考えるわけで、「黒でぬれば？」なんて言っちゃうわけだけど、そうしたら、「くろはイヤ！」とか言って、ひなたちゃんやさきちゃんは、「わたしはやらな～い！」なんて言う。「そうか、別に黒じゃなくてもいいもんな！」と子どもたちに教えられ、「どうぞ、好きな色をおぬりください！」と言い直しました。そしたら、さっき「やんない！」って言ってた子たちも、「ピンクのありんこにしよう！」とか言って参加してくれて、結局、全員がつくり、じつにカラフルなありんこ軍団が誕生しました。

㉜ 同前。

　ずっと読んでもらってきた『ありんこぐんだん わはははははは』の絵本イメージも手伝って、手早くしたくをすませ、お面をつくる気満々の子どもたちです。「いいぞー」とすべり出しを喜んだ高橋さんでしたが、「アリを黒でぬるのはイヤ」「それならやらない」と言い出す３歳女子の姿にぶつかります。ここで秀逸なのは、なんといっても、高橋さんが「黒じゃなくてもいいもんな」と即座に自分の先の方針を転換し、「好きな色のありんこ」という３歳女子のクリエイティブさ（創造性）を認め、おもしろがっているところでしょう。「カラフルなありんこ軍団」は、想像するだけで微笑ましい「チーム３歳児」ではないでしょうか。

『ありんこぐんだん
わははははははは』
武田美穂 作・絵
ポプラ社、2014年

　ここでは「子どもとつくる保育」の基本である、子どもの声を聴き逃さないこと、保育者が自分の見方に固執しないことが実践されています。保育者の対話的な姿勢を見て、自分の表現を大切にされたと感じることができた子どもたちは、おのずから「つくる気」になっていっています。

「違っていること」が認められる保育に向けて

　はるなちゃんがつくった「泥だんご」や、ひなたちゃんやさきちゃんがつくった「ピンクのありんこ」には、いわゆる「本物の芸術家」が目指す

「つくること」「表現すること」に通じる思想的基盤を見出せるように感じます。ここで、「保育」と「美術」「芸術」との共通性を探り、「**つくっている時間**」の意味を考えてみたいと思います。

アートディレクターの北川フラムさんは『ひらく美術』という著作の中で、次のように言っています。

美術は人と異なったことをして褒められることはあっても叱られることはありません。美術は一人ひとりが異なった人間の、異なった表現だと考えられているからです。それぞれ違う一人ひとりが一緒に生き、何かをやっていくことは大変手間のかかることです。だから尊い。㉝

㉝ 北川フラム『ひらく美術』筑摩書房、2015年、8頁。

そしてこの北川さんの文章を大学の式辞で引用した哲学者の鷲田清一さんは、次のように言葉をつないでいます。

美術、芸能だけが、「人と違って褒められる」ことがある唯一のジャンルです。ここに美術の栄光があり存在価値があります。今、この瞬間に地球上に72億人の異なった人がいるという、厳粛で、微笑ましい事実が美術の思想的基盤なのです。㉞

㉞ 鷲田清一「平成27年度学部卒業式並びに大学院学位記授与式学長式辞」京都市立芸術大学HP（2016年3月）より。

この「人と違って褒められる」ジャンルの中に、「**子どもとつくる保育**」も入るのではないでしょうか。あるいは、そもそも「保育」という営み自体が、ここで言われるような広い意味での「美術」や「芸術」の一部なのかもしれません。

「異なった表現」をする一人ひとりを大切にしたいという思いは、私たちが目指す「**子どもとつくる保育**」にも共通する思想と言えます。はるなちゃんのつくった「ぐちゃぐちゃの泥だんご」をかけがえのない唯一の泥だんごだと感じた啓さんや、おとなが発想さえしなかった「ピンクのありんこ」の意味を見出し一人ひとりの違いを大切に思った高橋さんなど、「**子どもとつくる保育**」を実践する保育者たちは、一人ひとりの違いをこそ「厳粛」に受け止め、子どもの「微笑ましい」姿を愛おしく思っています。人が違っているという「厳粛で、微笑ましい事実」は「保育」の思想的基盤です。

さらに続けて鷲田さんは、このようにも言っています。

　一人ひとりが異なる存在であること、このことはいくら強調しても強調しすぎるということはありません。だれをも「一」と捉え、それ以上とも以下とも考えないこと。これは民主主義の原則です。けれどもここで「一」は同質の単位のことではありません。一人ひとりの存在を違うものとして尊重すること。そして人をまとめ、平均化し、同じ方向を向かせようとする動きに、最後まで抵抗するのが、芸術だということです。

㉟ 同前。

　「保育」もまた、ここに言われる「芸術」同様、一人ひとりの声を聴き、あるいは声にはならない表現をとらえ、「同じ方向を向かせようとする」民主的とはいえない動きに対し、最後まで抵抗する営みではないでしょうか。平均化された同じモノをつくらせようとし、「どうしてみんなといっしょのことができないの？」と子どもに迫ることが「保育」ではありません。子どもがつくるあらゆるモノに一人ひとりの「一」を見出し、子どもが差し出すどんな表現をもていねいに扱うことが「保育」です。あらゆる表現に価値を見出す保育者のふるまいから、「あなたには人間としての尊厳がある」というメッセージを子どもたちは受け取ることになるでしょう。

一人の人間として大切にされた子どもが、人を大切にするおとなになる

　「それぞれ違う一人ひとりがいっしょに生き、何かをやっていく」手間のかかる民主主義は、「一」という一人の存在として大切にされた経験をもつ子どもたちが、まわりの人を「一」として認めるようになる中で、はじめて拓かれていくものです。
　3歳ごろまでに見られる「平行あそび」は、何人かの子どもが、同じ場で、同じ素材のモノを扱っていても、それぞれ一人ひとりが直接かかわることなく、自分のあそびに没頭している状況として理解されています。ただ、この「平行あそび」の中でも、3歳児が、自分という「一」の世界を深化させているその時に、まわりで自分の「一」の世界に入り込んでいる友だちのことをまったく意識していないとは考えにくいように思われます。
　はるなちゃんが「泥だんごする？」という保育者からの提案にうなずい

たのは、保育者や他の子どもの「泥だんごづくり」のイメージがすでにあったからでしょう。見てないように見えても、子どもは他の子どものしていることをよく見ています。はるなちゃん自身がした、土に水を混ぜ、泥を固めていく作業を支えていたものは、他の子どもたちのしていた「泥だんごづくり」のイメージだと思われます。

　高橋さんから「どうぞ、好きな色をおぬりください！」とうながされ、他の子どもが「バラエティ豊かなありんこ」をつくっていく様子を見て、自分も「やってみるか」と思えた子どももいたでしょう。「多様なありんこ」を許容する雰囲気が、それぞれに異なる子どもたちに自分が色をぬるイメージを与え、「つくること」への興味を引き出したのだと思われます。

　3歳児はバラバラに見えても、イメージの世界が共有できれば、お互いを尊重し合えるのではないでしょうか。思考は刹那的で、疑問は単発的にも見えますが、深いところでお互いを感じ合う直観的な理解があり、ぱっとつながる瞬間があるようにも思われます。4歳や5歳になると、人が一人ひとり違っていることへの理解が持続し、継続的に配慮し合おうとするようになりますが、そのちょっと前の時期なのかもしれません。

　こうして3歳児が3歳児なりに「違っている者同士を尊重し合える」場を用意しているかどうか、私たちの「保育」が問われています。

友だちが「つくっている」ところを部屋の隅から見つめる。

column 3歳児と楽しむアート体験

太田絵美子　NPO法人アーキペラゴ

　アート県として有名な香川県。その高松市では、芸術家である「芸術士」が、保育所や幼稚園、こども園で生活を共にしながら、子どもたちの興味や芸術表現をサポートするアートを取り入れた保育が2009年秋よりはじまっています。芸術士は週に1回、年間を通して子どもたちとかかわります。はさみや糊もだいぶうまく使えるようになる3歳児。なんにでも興味を持って、「どうして空は青いの？」「なぜ雨が降るの？」と、簡単には説明できないようなむずかしい質問の嵐。「先生もわからないからいっしょに調べてみようか……」と、活動がはじまります。そんな3歳児と芸術士がいっしょに過ごした活動の一部をご紹介します。

1　見えなくても、ちゃんといるよ（こぶし花園保育園）

　風の強い日。色紙がふわり風にさらわれて、鯉のぼりのほうへいく様子を見た子どもたち。それに背中を押されたかのように、それぞれのかたちで風の存在を教えてくれます。"かぜたんちき"を発明した男の子は、ハッとしたような顔をして靴を履き、急いで園庭へ。「ここにも（風が）ちゃんといるよ〜」と大きな声で知らせてくれました。まわりの子どもたちも何か言葉にするのではなく、ただ立ち止まり、目には見えないものを体で感じている様子。ささやかな不思議と喜びは、風探知機づくりへとみんなに広がっていきました。「動いてるよ〜！　はやく見て！　どっか行っちゃう」。

2　五感から生まれる言葉のたね（西光寺保育所）

　初夏。ある日のできごと。「きもちいい、きもちいいしてくる」。そう言って窓際に走っていく子どもたち。外は雨の様子。そ〜っと手だけを外に出して雨にさわります。いっしょに空の様子も見たりして。どうやら、雨のさわり心地を味わいにいったみたい。お互いに何か声にすることなく、ニコニコ顔を見合わせていました。雨のさわり心地を"きもちいい、きもちいいする"と言葉にかえてお話ししてくれた彼ら。子どもたちといっしょに過ごしていると、この世界を見るその瞳にうれしくなります。

3　色のテント

4　シャボン玉とダンス

5　ブルーシートに「どぼ〜ん」

6　ラッコになる

いくつもの時間を生きる子どもたち ●第3章

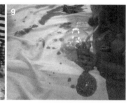

7〜9　バブルアート（さくら伏石保育園）

　シャボンが混ざった絵の具です。ブクブク……気持ちはカニさん。泡を作るのはむずかしいね！　泡ができたら布に落としていきます。「見て！　おおきぃんができたょ」。最後までがんばる2人です。お互いを意識しながら小さい泡と大きな泡ブク……泡ができたら布に落とすと、泡の跡が残ってきれいな模様ができていきます。「ヒャッ、ヒャ！」。さて、どんな絵になるかな？

10　ビニール素材で遊ぼう（林幼稚園）

　お部屋にビニールをつるしての活動。外あそびから帰ってきた子どもたちは早く遊びたそう。はじまると、セロハンをかぶったり、プチプチ転がし、ビニールを頭や体につける、ひっぱり合い、巨大綱引き、ピクニックごっこ、プチプチに包まれてまったり、洗濯バサミあそび……。あそびは変化していき、はげしいあそびからゆっくりとしたあそびへ。まだまだ遊べそうな様子です。

11　結ぶ服（松島保育所）

　最近、お弁当結びができるようになった3歳児。布を使って、自由に結んで服を作ってみよう。さまざまな色に染めた布を四角く切り、まとっていきます。男の子女の子問わず、どんどん重ねて先生や友だちの服をコーディネイトします。布を帯状に切っては結び続ける職人さんです。気分は王子様・お姫様。

12〜14　凸凹を持ち帰る（すみれ保育園）

　お散歩で訪れた七福神のほこら周辺の木の幹、コンクリート、鉄格子、地面、石などの凹凸を紙にこすりだして持ち帰りました。その紙に、額縁をつけるイメージで切ったセロハンや折り紙などを貼り飾りつけをしました。セロハンにはじめて触れる子どもたちは、目にかざして色とりどりの世界を体験しています。違う色を重ねると色が変わることを発見した子どもも。たっぷりと素材の魅力に浸っていました。

3 なりきる時間——虚構の世界で遊びながら真新しいおもしろさと出会う

　3歳児の「あそびの種」はどこから芽を出すかわからないほど豊かであり、「どこまで本気でどこからごっこなのか、その境目をまったく気にしないで遊べる本当におもしろい時期」だと保育者の保母理英子さんは書いています。この「**本気とごっこの境目を気にしない姿**」こそが、3歳児の「ごっこあそび」の特徴です。保育者の顔が「バレバレの変装」でも、3歳児は、瞬く間に「ごっこ」の世界に入り込み、ものすごくこわがったり、すっかりその気になったりします。保育者としては「私の顔は見えているのになぜそこまでその気になれるの？」と不思議に感じるほど、こちら（現実）とあちら（ごっこ）の世界の両方で遊び込む子どもの姿に出会います。

㊱ 保母理英子、前掲㉘。

「虚構」の世界をつくりだす意味

　そこでここでは、「ごっこ」の世界、つまり「虚構（つくりごと）」と3歳児との関係を考え、「なりきってあそぶ」保育のもつ意味について、考えてみることにしましょう。

　そもそも人はなぜ、「虚構」をつくりだすのでしょう。「ファンタジー」とも呼ばれる「虚構」の世界は、たとえば、時計を持ったうさぎを追って行く『不思議の国のアリス』（L・キャロル）や、空を飛んで子どもだけの国へ行く『ピーターパン』（J・M・バリー）のお話に典型的ですが、「こちらの現実の世界からあちらの虚構の世界」へ行って、そして帰ってくるという物語によって成り立っています。『千と千尋の神隠し』（宮崎駿）の「八百万の神の国」も『ハリーポッター』（J・K・ローリング）の「魔法の世界」も、「ありえない」場としてあちら側につくられた「虚構」の世界です。

　ただ、「虚構の効能」とでも考えればいいのでしょうか、「虚構」の世界で冒険し、こちらの世界に帰ってくると、人は成長し、なぜか現実の世界でもある種のバージョンアップを果たしていたりもします。これらは、「**成長物語（教養小説）**」の王道とも言えるでしょう。

> **ひとくちメモ**
>
> 「教養物語」とはドイツ語のビルドゥングスローマンBildungsromanの訳語で、「自己形成小説」とも言われます。18〜19世紀の近代市民社会の成立によって人が教養を身につけることが目指されるようになり、主人公が内面的に成長していく物語が書かれるようになりました。

ちょっといつもとは違う物語の世界で冒険をすると、子どもがその気になって何かを乗り越えることを保育者はみな、どこかで感じているからかもしれません。保育者が「**しかけ**」て、子どもが「**なりきる**」あそびを、多くの園が3歳児とつくっています。絵本の世界に入り込む子どもたちの姿から、ダイナミックな泥んこあそびの糸口をつかんだ名古屋市公立保育園のくま組、田境敦さんの実践を見てみましょう。

　雨上がりの水たまりは、泥んこのチャンス！　砂場のバケツにたまった雨水もせっせと運んで、水たまりの拡大を狙うくま組の皆様です。子どもだけではなく、おとな2人もかなりの泥んこ好きということで、勢いは増すばかり。
　しかし、ふと園庭を見渡すと、なかなか泥んこに入ってこない子もいるのです。「いっしょにやろ～！」「きもちいいよ～」なんて誘えば来てくれるのですが、どこか浮かない表情。「汚れるのいやだな」「どろどろの感触嫌いだな」……こんな気持ちなのかなぁ……なんて思いをめぐらすおとなたち。すぐじゃなくてもいいから、自分から泥んこあそびに入ってきてほしいな、全身に泥を浴びながらダイナミックに遊ぶこの解放感はきっと心の栄養になっていく、そう思うからです。でも無理矢理は禁物！　と心に言い聞かせる担任たちです。[37]

[37] 田境敦（愛知・名古屋市公立保育園）「くまぐみだより」（2014年7月号）より抜粋・編集。

　泥んこあそびによる「解放感」が3歳児の「心の栄養」になると、田境さんは感じています。ただその経験が、保育者の押しつけではなく、子どもが「自分から」入ってくるものであってほしいと思っているわけです。

　そんな中、『11ぴきのねこ』シリーズの絵本を読んでいるとき、神のお告げがありました。明らかに反応が違う1冊があったのです！　それは、『11ぴきのねこどろんこ』です。この絵本は、11匹のねこが、ジャブという子どもの恐竜を助けて、仲よくなって、ザッパーンと泥んこに飛び込んで遊ぶという話です。この泥んこに飛び込むシーンで、必ず大爆笑が起こるのです。「これだ！」とジャブになることを決意した担任です。しかし、絵本を読んでから少し時間があいてしまったので、ジャブのお面をつけて園庭に出ても、「カエル！　カエル！」と言われてしまう始末（お面のクオリティーかな？）。「これはいかん！」とお面をつけながら急遽、絵本を読むことに……。そうするとやっと「ジャブだ！」とわかり、「ウホーン！　ジャブだよ～」なんてにんまりの担任です。「ジャブ泥んこや

『11ぴきのねこどろんこ』
馬場のぼる　作
こぐま社、1996年

ろー」なんて声も聞こえて、もぉ〜感動！「ウホーン！　泥んこやりたい、あしたくる！」と、その日を終えました。

㊳ 同前。

　おなじみの『11ぴきのねこ』シリーズですが、泥んこあそびが苦手な子どもの姿を気にしていた田境さんが、子どもたちがおもしろがる「恐竜ジャブの泥んこシーン」にピンときているところが印象的です。田境さんのように、「なりきる保育」を日頃からよく実践している保育者には、子どもの心にぴったりくる「虚構の世界」がおのずから見えてくるのかもしれません。
　ただ、お面だけでは「ジャブ」だとわかってもらえず、絵本を読み直すハプニングもありました。ここで田境さんは、「ウホーン」というジャブのセリフをくり返し「ジャブになりきる」ことで、「ジャブのイメージ」を子どもの中に喚起し、ジャブと3歳児との出会いを演出しています。保育者の演技力が試されるところです。

　いざジャブの日！「ウホーン！」と泥んこ服に着替えるところから登場するジャブです。「ジャブ〜ボタンやって」と肩のボタンを見せてくる子もいて、「ウホーン！　いいよ〜」なんて、その時点で楽しすぎます。
　準備完了！　園庭に出て泥んこあそびです。いつもの泥んこあそびは、ペタペタやったり、足を埋めてみたりとかわいいものですが、今日は違います！　だってジャブがいるんだから！　あのシーンを再現しなければ！　ということで、率先して、ヘッドスライディングを決めていくジャブです。いつの間にかいっしょにヘッドスライディングをする仲間が増えていきます。そんな泥んこあそびなので、園庭はワーキャーワーキャー歓喜の声が巻き起こっております。そんな中、泥んこは遠慮がちだった子が「ジャブ〜」と泥んこジュースを持ってきてくれたりとすてきな場面もありました。「ジャブ〜どろんこかけていい？（頭から）」と言ってくる子もいて、「いいよー」とジャブになりきる担任です。さんざん、スライディングと泥ジュースなどを楽しんで、「ウホーン！　子どもが呼んでる！　も〜帰るね、また遊ぼうね」と園の門を出ていくジャブです。

㊴ 同前。

　スライディングするほどの「田境ジャブ」の熱演に惹き込まれ、それまで泥んこあそびには消極的だった子どもが、「ジャブに泥ジュースを渡す」という自らの役を楽しげに引き受ける姿が見られます。子どもは「ジャブ

いくつもの時間を生きる子どもたち●第3章

と遊ぶ人になりきる」ことで、得意ではなかった泥んこあそびも「自分とは違う自分になって」楽しめているのかもしれません。

泥んこあそびのあとを見てみます。

ほどなくして、田境が門から帰ってくると、「ジャブと遊んだ〜」とおめめキラキラの子どもたち。「えーいいな〜！ 何したの？」と聞いてみると、「こうやって」とヘッドスライディングを見せてくれました。でもその子は、ジャブがいた時にはヘッドスライディングはしてなかったのです……。なんだかすてきですね。そしてビックリなのが、なんと泥んこ嫌いの子が、泥んこの上に寝ているのです！ すごーい！ 泥んこやれるジャーンとまたすてきな姿が見られました。その日の夕方、ぞう組（5歳児クラス）の先生が、ジャブとの話題でくま組の子と盛り上がったそうなのです。「たきょうチェンチェーだけど、ジャブなのー!!」とまたすてきな話を聞きました。この夏の泥んこあそびが、ジャブと遊んだ思い出なんて、考えただけでうれしくなっちゃいますね。

❹ 同前。

「自分」をつくるためにボーダーを越え、「物語」を語る

　演じていたとはいえ「顔は丸出し」で、正体のはっきりしていた「ジャブ役」の田境さんに、「ジャブと自分の泥あそび報告」を改めてする子どもたちがいます。しかも、おそらく「そうだったらいいな」という自分の理想像を含む「虚構」を加えて、ジャブと自分の物語を語り、「創作素話」のようなふり返りをしています。こうした姿を見るにつけ、3歳児にはいったいどんな世界が見えているのか、本当に不思議に思います。

　ここでの3歳児による「語り」は、通常私たちの使う意味での「うそ」とは違うのではないでしょうか。人をだますために言う偽りの「うそ」ではなく、たとえ事実とは異なっていても、自分を気持ちよくつくっていくための「物語（虚構）」のように思われます。「田境先生だけどジャブなの」という言葉から、「うそっこの世界」を保育者と共有していることについては、3歳児なりにわかっていることが察せられるからです。

　発達心理学者の富田昌平さんは、3歳ごろの子どもたちは、「絵本に描かれている現実場面とファンタジー場面を、『アリエル』世界と『アリエナイ』世界とにうまく分類すること」ができないと指摘しています。[41] 絵本に描かれた「泥あそび」という〈現実にアリエル場面〉と、「ジャブ」という〈ファンタジー（虚構）であってアリエナイ場面〉の両方が、3歳児の認識では「ホント」のものとして存在しているのかもしれません。ボーダーレスな認識によって、「泥」（現実）も「ジャブ」（虚構）も矛盾することなく共存できるのが、3歳児の世界ではないでしょうか。

　3歳児のあそびの中にも、2歳児のように、「あまり飲みたくない牛乳をパパのビールにみたてて乾杯して飲む」というような、日常に「○○のつもり」といった場面をつくりだすタイプの「なりきりあそび」もあります。ただ3歳児になると、もう少し、「物語性の豊かな世界」の「なりきり」を楽しむ姿も見られるようになります。

　ただし、3歳児の虚構の世界は、4歳児のように深くその虚構の世界に入り込み自分も登場人物になって物語を生み出していくような「なりきり」とも異なり、もう少し現実と虚構との間のボーダー（境界）があいまいなところが特徴なのかもしれません。おとなから見ると「本当にわかっている

[41] 富田昌平「ファンタジーと現実に生きる子どもたち」『子どもの心的世界のゆらぎと発達』ミネルヴァ書房、2011年、182頁。

の?」と思ってしまうほど、現実と虚構の場面の変化が唐突で刹那的な感じです。

　この時期の特徴を活かし、3歳担任の保育者は、マントをつけてオオカミになるとか、お皿の帽子をかぶってカッパになるなど、ぱっと役になる**「なりきりあそび」**をよくしかけます。その虚構の中で、子どもが現実世界で苦手なことを乗り越えていく機会を保育の中につくっていっているようです。保育者が何かに**「なりきって」**虚構の世界をつくり、3歳児が自分とは異なる何かに**「なりきる」**ことで、自分では乗り越えられなかった課題を乗り越えることができるのかもしれません。

　3歳児の認識については、未だよくわからないことがたくさんありますが、いずれにしても、現実と虚構のどちらの世界も豊かにふくらませることで、3歳児の保育は、まちがいなくよりワクワクと楽しいものになっていくでしょう。

　そして、おとなの「しかけ」にはまっていくだけでなく、おとなから少し離れたところで、今度は友だちと「自分たちだけ」の世界をつくって肩を組んで遊びはじめるようになり、やがて、仲間と思考しながら「揺れる心をドラマにかえて」(**本シリーズ4歳巻参照**)、より深く「虚構」の世界で遊べる4歳になっていくのでしょう。

空へ帰っていく「りゅうのパフ」(風船)の最後の姿に、「ばいば〜い! 元気でね〜!」と手を振る子どもたち。

column 夢中になれる園庭

木村歩美　NPO法人園庭・園外での野育を推進する会

1　進化を続ける三瀬保育園（山形）の園庭。築山をはさんで奥が「タワー」（一番高い所は5.5メートル）、手前が3歳児クラスに人気の「小タワー」。職員みんなで子どもたちそれぞれの挑戦を見守りつつ、改善点を検討し合う。

2　築山の登り方も人それぞれ。慣れてくると、両手がふさがっていてもバランスよく登る。

3　苦労の末「小タワー」に初登頂。2段目からの眺めは格別。

4〜6　職員手作りの多機能型「屋台」。自然と子どもが集まり、ままごとの拠点になったり、上に登ったり。

7　「庭」という より「運動場」といった感じだった改造前のせいめいのもり（北海道）の園庭。

8　「じゃぶ池」が設けられた現在の園庭の一角。池には築山の上から小川を伝わって流れてきた水がたまる。一定の深さ以上はたまらないしくみ。

9　おとなの都合によって、用意されたり、されなかったりするのではなく、いつもそこにある「裏切らない環境」だからこそ、あそびがふくらみ、広がっていく。

子どもたちの自由と挑戦を広げる園庭には危険がつきものだが、ここで紹介した園庭改造事例は、いずれも一級建築士の井上寿氏による監修のもと、安全性に配慮しつつ、現場の保育者との対話と園内研修（木村担当）とセットで検討・デザイン・作業を進めている。

第Ⅱ部

3歳児クラスの
実践の展開

第Ⅱ部では、3歳児が「うれしくて楽しい」と感じ、保育者が子どもの中に自分の予想を越える「思いがけなさ」や「おもしろさ」を発見する、そんな**「子どもとつくる保育」**の実際を見ていきます。

　「おもしろいことが大好きな3歳児」は、自分が見つけ出し、試し、考えをめぐらせることができる探索に夢中になります。この**「探索・探究する生活」**は、「オレってすごいだろ！」という3歳児らしい「イッチョマエ」意識を育て、それと同時に、その「うれしく誇らしい気持ち」がふくらむ中で、自分がおもしろいと感じる経験を友だちと共有するようになる**「創造的で協同的な活動」**を生み出していきます。

　また、3歳児が身体の底からおもしろいと感じ友だちともいっしょにやってみたくなる**「協同する活動」**がわきあがってくるためには、子どもの時間を大切にする**「探索・探究する生活」**だけではなく、保育者が子どもに文学や音楽などを渡す**「文化に開かれた生活」**も必要です。おとながもつ教養を通奏低音とした私たちの「文化」を子どもと共有することを通して、**「子どもとつくる保育」**はより多彩なものになっていきます。

　これら**「探索・探究する生活」**や**「文化に開かれた生活」**が重なり合い**「協同する活動」**が生成していく保育実践には、**「ぶつかり合っても大丈夫」「違っていても大丈夫」**という**「生活の基盤となる安心感」**が必要です。衣食住といった生活のゆるぎない"基盤"が、3歳児の感じる「おもしろさ」を支えています。

　このようにそれぞれの活動が相互に重なり合っていることを前提にしつつ、序で示した「保育実践を構成する4つの生活・活動の構造」（下図、および「序」参照）にゆるやかに沿って、第1章と第2章でそれぞれ第2の層の**「探索・探究する生活」**と**「文化に開かれた生活」**を、第3章で第1の層の**「基本的・日常的生活活動」**と第3の層の**「創造的で協同的な活動」**を取り上げます。

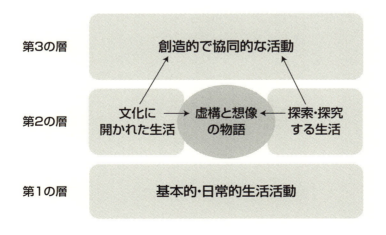

第1章
子ども自身が新しさを発見する「探索・探究」を大切にする保育

1　「生きものをつかまえる」実践

　3歳児クラスの「おたより」には、カエルやザリガニなどの生き物や虫たちがたびたび登場します。アリ、ダンゴムシ、バッタ、カマキリ、チョウチョ、セミ、カナブン、クワガタ、カブトムシ……など、それはそれはたくさんの虫が日本各地に生息していることに気づかされるほどです。3歳児とともにある保育は、多くの虫の命に支えられています。

　テレビに出てくる架空のヒーローに本気であこがれることのある3歳児ですが、この時期の子どもたちとは「本物の虫に出会うドラマ」をこそいっしょに体験したいと願う保育者がたくさんいるのは、虫との出会いが「子どもの中の何かを変えた」という手ごたえをたびたび経験しているからだと思われます。

　しかし、そもそもなぜ子どもがあんなに一生懸命、虫カゴいっぱいになるほどのセミをとるのか、その不思議について明確に説明できる人はいないでしょう。そしてそれはおとなも同じ。子どもといっしょにセミをとりはじめたら、保育者だって我を忘れ、虫とりにのめり込んでしまうことはないでしょうか。この楽しいあそびを3歳児と過ごす保育者たちは見逃しません。

　では、実際に「生きものをつかまえる」実践を見てみましょう。

虫とり ── 命を感じはじめる3歳児

熊本のさくらんぼ保育園の3歳児クラスすみれ組では、ある夏の日、「セミとり」に出かけました。

＊保育者が必死になるセミとり

園庭や下の公園では朝からミーンミーンとにぎやかなセミの鳴き声が聞こえてきます（暑さ倍増です！）。すみれ組でも数名の男の子を中心にセミとりがさかんになりつつあります。高い所にとまっているセミでも鳴き声をたよりによーく見つけるんですョ！　ベンチやアスレチックに上り、アミを近づけてもなかなか届かず、そんな時は保育者に「とってー！」とたのみに来ます。もし、取り逃してしまうと「もー！」と怒られるので、必死です（笑）。でも、いざつかまえると、おそるおそるアミから取り出している姿がかわいいのです。カゴに入れ大事に一日中連れてまわったり、逃がしてあげたりもするんですよ！　他にもバッタ、カマキリ、アメンボ、カブトムシなどなど、虫とりがブームです。[1]

夏真っ盛りの散歩先で、子どもたちがすっかり虫とりに夢中になっている様子がわかります。自分はまだちょっとこわくて手が出ないのに、保育者が逃がそうものなら真面目に抗議する姿にはおかしさを感じます。

1～2歳のころには、足元をはいまわるアリを、自分もアリになってしまうんじゃないかと思うほどに食い入るように見つめる姿があります。フランスの生物学者アンリ・ファーブルが「見ることは知ることだ」[2]と言ったことが納得されるほどに、子どもたちは虫をよく見て、きっと何かを感じ、何かを理解しています。ただ、この時期の子どもの手にとらえられた虫は、往々にして、握りつぶされてしまうことが多いのではないでしょうか。個人差はもちろんありますが、動きまわる虫が自分の手の中で死んでしまうことを、それほど深刻に受け止めているふうではありません。

ところが、3歳の担任保育者いわく、3歳児クラスの半ば、実年齢で4歳を過ぎたころから、「虫の命の話を子どもたちとしよう」と感じる、というのです。3歳児は、身体のどこかで、「自分と同じ生き物としての虫の命」を感じはじめる時期を生きているのかもしれません。とくに飼育の経験な

ひとくちメモ

1983年、熊本市東区に開園。社会福祉法人湧水会運営。実践当時、定員90名、3歳児18名（担任2名）、2014年以降、定員130名、1～5歳は4つの異年齢の「おうち」で生活。

[1] 建川明子（熊本・さくらんぼ保育園）「いいてんき！」No16（2008年7月28日付）より抜粋・編集。

[2] アンリ・ファーブル著、山田吉彦・林達夫訳『ファーブル昆虫記』（原著『昆虫記』1907年）岩波書店、1993年。

どがあると、命があって動いている虫への「愛着」が芽生えてくるようです。あるいは、自分から見えている世界だけではなく、「虫から見えている世界」を想像できるようになる、自分とは違う視点から世界をとらえることが可能になる認識枠組みの変容期なのかもしれません。

つかまえたよ！

ザリガニとり──ちょきんって聞こえる！

では続けて、これまた3歳児クラスではお馴染みの「ザリガニとり」を見てみたいと思います。

「野いちご摘み」に出かけたはずが、途中で目的を変更し「ザリガニとり」になったという、やまなみこども園のいつもの散歩風景です。散歩はたいてい予定通りにはいきません。そして、予定通りではない判断をしている日の散歩ほど、おもしろさは高まるようです。それもそのはず、その場その時にしかできないことの中から、子どもたちにぴたっと合うテーマを選べるからです。予想もしないことを期待しながら歩くこと。そもそもこうした散歩自体が「**探索・探究の宝庫**」、試すことの連続から成り立っています。佐伯由佳さんの「おたより」を読んでみましょう。

＊見えないドキドキ

野いちごがとれなかったので、今日はあったかいし、水あそびしてザリガニでもとろうか!?　と目的をすぐに変更して、都市公園の水場に行きました。みんなすぐさまクツを脱いで水に入ります。最初はちゃぷちゃぷ程度ですが、すぐにジャバジャバになり、そして最後は寝ころんでワニのように泳いでいます。そして"きもちー"と最高の笑顔を見せました。

すると、小さな穴を見つけました。きっとザリガニの穴です。絶対そうです。今年初です。まずははるなりちゃんに手を入れてもらいます。なんの迷いもなくグンと手を入れ、手で探ります。

　　ゆか（保育者）「おった？」
　　はるなり「おらん」

それでもはるなりちゃんは手を抜きません。中の石をどんどん出します。私が

するのをよく見ていますねぇ、感心します。しばらく探っていて、はるなり「いたーい！　いたい！　いたい！」。はさまれました。やっぱりいます。これで確実にいます。はるなりちゃんははさまれてしまったので、もう二度と手を入れません。そりゃそうです。それじゃあと、ほっしー（新人保育者）に挑戦してもらいます。

　　ほっしー「えーいやですよー、こわい、だって見えないじゃないですか！」
　　ゆか　　「ほっし、子どもたちが見ていますよ。ごちゃごちゃ言わないでとらんかい！」
　　子ども　「ほっしーがんばれ、ほっしーがんばれ」

　キラキラした目で、子どもたちがほっしーを見つめます。ほっしー「よぉーし、うわぁー、いくぞー」。しかしちょっと手を入れては"いませんよ"とごまかします。ゆか「いるって。はるなりがはさまれたのが証拠でしょ。はるなりちゃん、手を見せて」と言うと、はるなりちゃんは誇らしそうにはさまれた手を見せます。うつむくほっしー。そして勇気をふるいたたせます。しかし、やっぱり見えないものと戦うのはこわいようです。
　ゆか「大丈夫って。多分ちっちゃいから」と、なんの確証もないことを言ってもダメです。「じゃもうとるよ、いいとネ……、後悔せんネ……」と私がとりました。それはけっして大物ではなく、中物でさえなく、小物ちゃんでした。❸

❸ 佐伯由佳（熊本・やまなみこども園）「きょうのほいく」（2015年5月14日付）より抜粋・編集。

　ザリガニの生息している「小さな穴」がすぐに見つけられる保育者の由佳さんがいるだけで、「水あそび」が「ザリガニとり」へとダイナミックに展開しています。しかも、由佳さんはザリガニをとるとき、「中の石を出す」ことを日頃から子どもたちの目の前でよく見せているのでしょう。保育者のまねをして石を取り出しているはるなりちゃんの姿から、「ザリガニとり」の手順が子どもにもイメージできていることがわかります。
　見よう見まねでやってみたザリガニとりは、指をはさまれるという他をもって代え難い「痛み」の経験によって、「もう二度と手を入れない」賢さにつながりました。この「痛み」の経験は、はるなりちゃん以外の子どもたちにも、自分の指がはさまれたような衝撃を与えたのではないでしょうか。
　ここで、なんといってもそのおもしろさに笑ってしまうのは、子どもが

こわくて手を入れなくなったザリガニの穴に、**新人保育者のほっしーを呼びつけて、ザリガニとりの大役を任せる**場面です。こわがるほっしーに、ザリガニにはさまれた指を「誇らしげに」見せるはるなりちゃんの姿が、さらに笑いを誘います。渋る新人保育者が「だって見えないじゃないですか」と見えないこわさを口にする場面で、私たちは、「なるほど、きっと子どももそう感じているんだろうなぁ」と、見えないものと対峙することがこわい3歳児の世界を想像します。「ザリガニとり」は、まだまだ続きます。

とれたザリガニを見た子どもたちは大喜びです。でもほっしーはちょっと残念そう。よし、ともう1つ穴を見つけました。

ゆか「穴があるよー」と言うと、何人かが取り囲みます。子どもたちに「入れてみる？」と聞くと、「いやだ」と言います。ひろ「でもぜったいいるよ、ちょきんって聞こえるもん」。はさみのはさむ音が聞こえるのですネ。よーく穴をのぞいてみると、小さなヒゲが見えます。

ゆか「ほっしー、大丈夫。このヒゲ見えてるから、このヒゲひっぱればいいんだよ」と言うと、ほっしーも見えているのが安心らしく、ぴーっとひっぱって初のザリガニとり成功！　どんなとり方でも、とれればOKなんです。

青いバケツに小さなザリガニを2匹とって帰りました。水を入れて、水草を入れておいたのですが、ザリガニが見えないからと、いつの間にか水草は捨てられていました（笑）。帰り道も、てっぺいくんとひろのすけくんとこうたくんが3人でえっちらおっちら持って帰ってくれました。洋服もぬれて歩きにくかったろうに、それでも文句一つ言わずに、2匹の友だちを持って帰ってくれましたよ。こぶた組で飼うことにします。さわられ遊ばれる、ちょっとかわいそうな運命のザリガニちゃんですが、自分で触れて観察することで、だんだんこわくなくなります。

ほっしーも自分がとったからか、青いバケツからきれいな水槽にうつしてあげていました。ほっしーもきっとだんだんこわくなくなることでしょう。こでらゆうたくんもシーツでくるんでザリガニをさわっていましたが、夕方には素手でさわれるようになって、得意そうでした。2匹のザリガニちゃんは、こぶたさんとほっしーに豊かな体験と自信をもたらしてくれることでしょう。❹

今度は、ザリガニの姿は見えずとも、その穴を見るだけで、先の「ザリガニとり」の教訓から、穴の奥にいるザリガニがはさみを持っている姿を

ひとくちメモ

あるとき由佳さんが「ほっしーがキョトンとしていたら、3歳児もキョトンとしていることが多い。私には当たり前でも、それは子どもにはわかりにくいことなんだって、ほっしーの反応を見ると気づかされます」と言っていたことがありました。新人保育者を上手に実践の中に配置しながら保育を構成していくことも、ベテラン保育者の腕の見せ所なのかもしれません。

❹ 同前。

想像できるようになっている子どもたちに成長を感じます。「ちょきん」というはさみの音が聞こえるほどに集中している子どもの姿から、ザリガニに向かっていくエネルギーの高まりも感じます。

そして、「ヒゲをひっぱってとる」という初級のとり方を新人ほっしーに伝授し、見事、「オレたちと同じくらいのほっしーでもザリガニがとれた」という場面を、子どもたちに見せています。重いバケツを「文句も言わずに」持ち帰るほどの気持ちの高まりは、3歳児の心や身体に、きっと何かを残したことでしょう。

さらに、ザリガニを自分たちの生活の場に連れてきたことで、徐々に素手でさわれるようになっていく子どもたちの姿も印象的です。さわられて弱っていくザリガニの命とひきかえにしてでも、なぜ保育者は、こうして「生きものにさわる」環境設定をするのでしょうか。

「ザリガニとり」や「虫とり」を3歳児とする意図を由佳さんにたずねたところ、「自分でやってみればわかるけど、ザリガニや虫をとることはやっぱりおもしろい。狩猟本能みたいなものがよみがえってきて、これは子どもにも経験してほしいと思う」とのこと。たしかに、虫やザリガニを見つけてつかまえようとする素早い動きには、ぽーっとしているだけでは見えてこない「虫やザリガニの次の動き」を予測しようとする直観的な集中力が必要です。こうした我を忘れるほどの熱中が、一歩先をよむ直観を働かせる経験になるのでしょう。

フロイトいわく、「本能のままでは生きられなくなった哀れな動物」が人間ですが、私たちの中に眠る野性を目覚めさせ、弱った直観を鍛える何かが、虫とりやザリガニとりには含まれているのかもしれません。ここには、アメリカの絵本作家モーリス・センダックが描いた「野性的なもののあるところ」❺が、私たちの心をとらえて離さないことに通じる何かを感じます。人間の中に眠る野性的な心象世界が、「自分のことを大切に感じる感性」、つまり、3歳で花開く「イッチョマエ」意識の土台につながっているのかもしれません。

❺ モーリス・センダック作、Where the Wild Things Are、邦題『かいじゅうたちのいるところ』じんぐうてるお訳、冨山房、1975年。

❷ 生きていく土台になる「自ら探索する時間」

虫と対峙する──身体の中の直観や野性が目覚める経験

　こわいながらもじーっと虫を観察し、徐々に虫に馴染んでいく時間を経て、虫に近づくエネルギーを高める「虫とり」。この「虫とり」で、子どもたちが虫を見つけ、さわり、つかまえ、連れまわし、逃がし、あるいは育て、虫とともにあることで得る「成長」は、けっして小さなものではありません。

　南仏の貧しい農家に育ったファーブルが、夜も昼もなく虫を観察し、世界的な昆虫学者になったことは有名です。彼の「何か困った場面に出くわした場合、簡単に他人の助けを借りてはいけない。助けを借りれば、それは一時的に困難から逃げただけに過ぎない。忍耐と熟考をもって困難に当たれば、そのたびに成長することができる[6]」という言葉を思い出すとき、懸命に虫と対峙しながら、自分の生い立ちや自分の人生に向き合っていたファーブルの姿が目に浮かびます。虫とたわむれていた破天荒な天才というイメージの強いファーブルですが、彼の残した人生に対するシビアな言葉からは、虫と人間のつながりがもたらすものについて、改めて考えさせられます。

　子どもが「自分で」虫を持てるようになるためには、当然、「自分で」さわるしかありません。虫に対して手を出すときの身に迫る緊張や集中は、

❻ アンリ・ファーブル著、前掲❷。

痛い！

3歳の子どもたちに何をもたらしているのでしょうか。緊迫感から逃げずに虫に向かう経験は、人間にとって、何かとても大切なことのように思われます。子どもが自分で探しあてるしかない「手の出し方」や「虫を持つ位置」に、自分で悩む余地があることが虫とりの醍醐味でしょう。

もちろん、どうしても虫嫌いな人はいます。保育者にだって、虫をさわれない人は少なくありません。ただ、そうした虫が苦手な人は、「虫がよく見える、虫がリアルに感じられる才能をもっている人」なのかもしれません。嫌いだから、苦手だからというだけで、子どもが探索する機会を保障できない保育者だとは思えません。虫嫌いを一概によくないと言っているのではなく、**どんなふうにそれぞれの保育者が自分の困難に立ち向かうかが大切**なことのように思われます。保育者だって人それぞれ。「子どもとの在り方」も百人いれば百通りです。「私、虫がダメなの。〇〇ちゃん、どうやったら私にもそのバッタをつかまえられるかな？」と、子どもに教えてもらう保育者がいることで、子どもの探究心が刺激されることもあるでしょう。

自分で自分の困難に向かう

私たちには、それぞれの子どもに降りかかる困難を、未来永劫、すべて取り払うことはできません。私たちにできることは、子ども自身が、自分で自分の困難に向かう〈構え〉を身につける機会を保育の中に保障することでしょう。そのためには、子どもが「自分で」動き、考え、感じる時間を保育の中につくっていくしかありません。「虫とり」もその1つ。

保育実践では、「困難に立ち向かう」人間の積極的な価値を子どもに伝えつつ、「困難から逃げなくてもなんとかなる」という実感を子どもの中につくりだしていくことが重要です。

でも実際には、「子どもが自ら探索する時間」の確保は、いうほどたやすくはありません。「こんな経験もさせてあげたい」というおとなの欲や、「こんな失敗はさせたくない」というおとなの要らぬ心配、また否応なく決められている「みんなでいっしょにする活動」が、「子どもが自ら決める時間」を奪っていることはないでしょうか。「決められている活動」を決めたのはいったいだれなのか、本当にそれは子どもが生きていくうえで必要なこと

ひとくちメモ

保育者自身の困難との向き合い方、つまりそれは一個人としての保育者の生き方ですが、その生き方が日々試される場が、人を育てる保育実践のアリーナではないでしょうか。虫嫌いの人は虫嫌いの人なりに、虫好きな人は虫好きな人なりに、自分の虫との対峙のしかたをふり返り、自分自身の虫に対する〈構え〉から子どもたちが学んでいる何かを想像できることが、これからの時代をつくる保育者の専門性だと思われます。

なのか、3歳児の保育の中に「虫とり」や「散歩」が入らないほどの過密スケジュールである場合には、日課の見直しを含め、保育者には、魅力的な保育を構想し創造していく専門家としての責任があるように思います。

3歳の「万能感」が守られる「自由」を

3歳のころにもつ「万能感」は、自ら探索し、直接体験し、身体を通して知った「自分という存在の限界」によって乗り越えられていくものです。人はいずれ、自分を客観的にとらえる時期をむかえます。「万能感」は、残念ながらいつまでも続きません。「○○（自分の名前）ってすごいでしょ」と自信満々だった3歳児も、いつか必ず、「自分のことをまわりの人はどう見ているんだろう？」と考える壁にぶつかります。

自分でやってみて、その中で自分の限界を知った子どもは、次の段階で「こんな自分でも、そこそこやっていける」という地に足の着いた「自信」を身につけるチャンスにめぐり合います。それは、4歳や5歳になってから、また学童期から青年期にかけて、徐々に身につけていく「弱い自分も含んだ上での自信」につながります。3歳児の感じる万能感は、「自由」に自分の力を試せる「探索する活動」を通して、後におとずれる「ダメな部分も含めて自分を大切に思える」自尊感情の土台になっていくものでしょう。

まわりにおかまいなく手足を伸ばし飛び跳ね、ためらいなく大きな声で自分を自慢し、自分のすてきさを世界中の人にアピールしようとする、そんな3歳児らしい姿を3歳の時期には大切にしたいものです。失敗しても、批判されても、人生の岐路で何度でも立ち戻ることができ、いくらでも「有能感」というエネルギーを補充できるベースキャンプ（基地）を3歳のころに身体の中にたくわえておく必要があります。人類史上かつてないほどに、おとなから評価的にまなざされる乳児期を過ごしてきた3歳の子どもたちには、「**どんなあなたも大切**」だという絶対的な承認と同時に、「**おとなからまなざされていない**」と本人が感じられる「**自由**」も必要です。「自分で見つけたい」「自分で試したい」「自分で感じたい」、そうした子どもの声が保育者に届いているかどうか、子どもたちは保育者をよく見ているのではないでしょうか。

ひとくちメモ

「自由」とは、freedomやlibertyの訳語で、拘束や支配を受けずに自分の本性に従う状態のこと。「自由・平等・友愛」は「民主的社会への革命」をうながす理念として有名ですが、このうち「人が生まれながらにして平等」であることや、「自分がされたいと思う善事を他人にする友愛」については、「仲間づくり」などの保育実践として蓄積されてきたものの、子どもが「自分のことを自分で決める」という「拘束や支配を受けない自由」については、これからの実践に待たれる部分も大きいのではないでしょうか。

column　自然と出会う・命にふれる　　　宮武大和　北海道・トモエ幼稚園

6　つららに絵の具で色をぬったよ。

1　いらっしゃいませ！
　　花と葉っぱと石でお菓子やさん。
2　シラカバの樹液、ほんのり甘い春のごちそう。
3　ミズナラの葉っぱのギザギザ。
　　自然にはいろんな形があるんだね。
4　森の中に小さなキノコの森があるみたい。

5　緑の葉っぱが赤や黄色に変わるのはどうして？

子ども自身が新しさを発見する「探索・探究」を大切にする保育 ●第1章

7 サンショウウオのたまごって不思議な形！

12 土の中には根っこがあるんだね。

8 こんなに長いミミズを見つけたよ！

9 カナヘビの体ってザラザラしてるんだね。
10 森でミヤマクワガタとこんにちは。
11 バッタの入った虫かごにコスモスの花を飾りつけ。

第2章
おとなが築いてきた「文化」を伝えつつ子どもとつくる保育

1 保育者が子どもに渡す〈自分を越え出る「物語」〉

3歳児の「物語」の楽しみ方を探る

　2歳までに、「おじさんの道路工事」や「先生のピアノ演奏」など、実際に見たことをまねして「○○になったつもりになる」"ごっこあそび"の世界を楽しんできた子どもたち。3歳になると、現実とは異なる「病気になっちゃったのね」とか、「ここ海ね」など、架空の設定を含む"ごっこ"の世界へと、想像の幅を広げていく姿が見られます。だからでしょうか、3歳児の保育では、子ども同士が共有しやすい架空の「物語」が、1日のうちに何度も、あるいは1年を通してたびたび登場します。

　たとえば3歳児の大好きな「忍者になる物語」は、散歩先で、石になって人に見つからないように固まって、見えているけど「見えていない」ことを友だち同士で楽しんだり、帰りが遅くなってしまった散歩道を小走りで駆け抜けたりする「忍者の修業」をうながします。食事では「強い忍者になれるよう」にいつもは食べられないものにチャレンジしたり、お昼寝前の絵本読みで忍者の技を確認しながら「忍びの術」で静かになって眠ったりもするでしょう。こうして「忍者の物語」は日常のそこここに登場し、一人ひとりの子どもの「その気」を支え、想像の世界を広げます。

子どもとともにある「物語」が、散歩、食事、午睡などそれぞれの場面になめらかな流れをつくりだし、実生活にいろどりを与えてくれることを保育者はよく知っています。楽しい気持ちになる「物語」が、目の前の「にがて」を乗り越えるきっかけにもなっています。

　ただ、3歳児とともに「物語」を楽しむときには、4歳児のような「子どもからの発言による物語の深まり」や、5歳児のような「子ども同士の想像力による物語の広がり」を、保育者はあまり期待していないようです。

　4、5歳になると、保育者も子どもとともに「物語」の中に身を投じ、いっしょにドキドキし、次に、どんな「物語」が編まれていくのかを楽しむことがあります。でも、3歳の子どもと「物語」を楽しむ保育者は、**それぞれの子どもがどんなふうにその「物語」を自分なりに受け止め、身体の中にたくわえていくのか**、自分のペースで想像の世界を広げていく様子をていねいに確認している印象です。

　「物語」の中に出てくる1つの単語、たとえば「シュリケン」や「○○のジュツ」などに反応する3歳児は、おとなには思いもよらない部分を楽しんだり、「そんなことで？」と思う部分をこわがったりします。そしてお互いに"楽しい！"とか"なんだかこわい……"といった気分は共有していても、一人ひとりが頭に思い描いているイメージはてんでばらばらだったりします。そんな3歳の子どもたちに、私たちはどんなふうに「物語」を伝えていけばいいのでしょうか。

　名古屋市公立保育園保育士の田境敦さんは、「絵本がなければ保育はできない」と言うほどに「物語」を大切にする保育実践者です。目の前の子どもたちが興味をもっているテーマや、あるいはこれから興味をもちそうなテーマにかかわる絵本をとにかく集められるだけ集め、準備しておく手間ひまをいといません。「虫」「ザリガニ」「カッパ」「すもう」「鬼」など、その時の子どもたちのエネルギーが高まりそうな好奇心をくすぐる絵本を置いておき、「これかな？」と思うものを、ことあるごとに子どもたちと読んでみます。そして、子どもが夢中になって聴き入る絵本に出会うと、それを元手に次の保育を構成していきます。

　子どもは、**知らなかった「物語」に出会い、「それまでの自分を越え出る世界」を味わいながら自分をつくっていきます。**担任として、目の前の3歳児にぴったりくる「物語」を選ぶことは、保育者の大切な使命でもあります。子ど

もたちが、となりにいる友だちといっしょに楽しめる「物語」を探しあてる中で、保育者は、その時々のそれぞれの子どもの育ちや子どもの願いを理解する絶好の機会を得るでしょう。

「バレバレの変装」がちょうどいい

　田境さんは、子どもの心に響いたと感じた絵本を素材にして、4歳や5歳の担任の時には、念入りにつくり込んだ「しかけあそび」をしてきました。その経験から、3歳児クラスでも、おもしろくつくり込んだ「しかけあそび」がしたいと思っていたのです。ところが、つくり込む度合いの強い「しかけあそび」は、3歳児といっしょだと、どうしてもうまくいきません。そのうちに、保育者の思い通りにことが運ばない3歳児の姿にこそ3歳児保育のおもしろさがあることに、田境さんは気づいていきます。それはこんな実践でした。

　「きたないオオカミを見た」という3歳児のつぶやきから、田境さんは、「変装」や「仕込み」をかなり念入りにする「オオカミ探しの散歩」を計画しました。

　田境さんは、勤務時間外の早朝から1人で散歩先の公園へ行き、「オオカミ探し」を楽しむ子どもの姿を予測しつつ、絵の具で「きたないオオカミ」の足あとをつくりました。ところが、いざ子どもたちに「きたないオオカミ探し」の散歩に行こうと呼びかけてみると、それだけで泣いてこわがる子どもが続出。想定外の子どもたちのこわがり方を見て、「これではまったく楽しめない」と直感し、計画はあえなく変更。散歩にはようやく出かけられましたが、朝早くから仕込んだ「オオカミの足あと」は3歳児にはこわすぎたので目もくれず、その場所は通り過ぎることになりました。

　でも、「オオカミ探し」の勢いが削がれたままの散歩先で、「このまま公園から帰るだけではおもしろくない」と思った田境さん。「このくらいならこわすぎることもないだろう」という見通しをもって、その場で、自分の顔は丸出しのまま「きたないオオカミだぞ～」と、茶色のマントをはおってオオカミに変身してみました。

　すると、なんと、これこそが3歳児には大正解。4歳児や5歳児ならば「先生何？」「おかしいでしょ？」とでもいった冷めた反応が返ってきそうな

おとなが築いてきた「文化」を伝えつつ子どもとつくる保育 ●第2章

顔は保育者のままの
"きたないオオカミ"に
「オオカミ～」と近寄る
子どもたち。

　バレバレの変装に、3歳の子どもたちは大喜び、「オオカミとの出会い」を楽しんでいる様子です。バレバレの変装をした田境さんに向かって、子どもたちはすっかり「オオカミと出会った子ども」になりきって、「オオカミ～」と呼びかけてきます。

　その後、マントをぬいでオオカミから保育者に戻った田境さんが「先生だよ～」と子どもたちに声をかけてみると、今度は、先ほどのオオカミと（当たり前ですが）まったく同じ顔をした田境さんに向かって、「田境先生、わたしオオカミに会ったんだよ」と、オオカミとの出会いについて子どもたちが報告してきました。同じ保育者が、〈現実の田境先生〉になったり〈物語のオオカミ〉になったりする3歳児の世界のとらえ方に驚きつつ、田境さんは、さらに「バレバレ変装」のもつ奥深さに惹き込まれていきます。

　このように3歳児が「バレバレの変装」でも、あるいはだからこそ、「物語」の世界に没頭する「保育者がしかけるあそび」はどのように展開されるのか、田境さんの「カッパ」（2014年度）と「ザリガニ」（2015年度）の実践から考えてみましょう。

すべてが「実在」── 2つの世界は同じ質量でできている

　『おっきょちゃんとかっぱ』は、人間の子どもの「おっきょちゃん」が子ガッパのガータローに誘われて、水底のカッパの世界に行く物語です。そのカッパのガータローに変身した田境さんが保育者に戻ったあとで、こんなふうに述べています。

『おっきょちゃんとかっぱ』
長谷川摂子 文
降矢なな 絵
福音館書店、1997年

101

*あちらの世界とこちらの世界

　会ったときはこわくて泣いて、遠くから見ているだけだった3歳児が、カッパのガータローを演じていた保育者が「保育者として」戻ってくると、とたんに「ガータローにあったよ。なでなでしてもらった（うそ）」という報告をする。この世界はなんだろう？❼

❼ 田境敦（愛知・名古屋市公立保育園）「くまぐみだより」（2014年10月号）より抜粋・編集。

　カッパの子に誘われて、水の中のカッパの国に遊びに行き、お祭りのおもちを食べて水の外の世界のことすべてを忘れてしまったおっきょちゃん。「あちらのカッパの国」から、「こちらのお母さんのいる世界」へどうやって戻って来たかが、この「物語」のおもしろさです。

　保育者の田境さんがガータローだったことは、顔が見えているのですから一目瞭然です。でも、服の色が違う程度の変装でも、いつもの保育者が「あちらの世界のガータロー」に見えるのが3歳児。あっという間に、ガータローの暮らすカッパの世界の住人になってしまったかのようです。こわさから大泣き、ガータローのそばに近寄ることさえできない子どもを見るたびに、私たちは、3歳児が受け止める「物語」のインパクトの大きさを思い知ることになります。「あちらの世界」への通路が、3歳児には大きく開かれているのでしょう。

　保育者に戻った田境さんに、何のためらいもない様子で、「ガータローになでなでしてもらった」と報告する子どもの姿はたしかに不思議です。ガータローになっている田境さんには「ガータローに会った」とは言いにこないわけですから、"ガータロー役の田境さん"と"保育者の田境さん"とは、子どもの中で明らかに区別がついています。つまり、「物語」と「現実」の間にはなんらかの境界線があることは、3歳児も理解しているわけです。かといって、冷静にその間を「行ったり来たり」しているわけではなく、あたかも無意識のうちにボーダーを越えている感じです。3歳児にとって2つの世界は、同時に存在しているかのようです。

　私たちおとなは田境さんのガータロー姿を見て、そのユーモラスなカッパ姿に思わず笑ってしまいますが、それは、「これはごっこ」であり「アリエナイ」世界だということが了解されているからです。しかし、〈実際の川の中にいるだろうカッパ〉も〈物語の中のカッパ〉も〈田境さんのカッパ〉も、すべて3歳児にとっては同じくらいのリアリティーと質量をもった「ア

リエル　カッパ」だからこそ、おとなから見れば「そんなに？」と思うほど信じ込んだり、こわがったりするのではないでしょうか。

　こうした３歳児が経験している想像の世界を、取るに足らない思い込みとみなしてしまったら、「子どもとつくる保育」にはなりません。それは、次にみるように、人間にとっての「物語」とは、現実を把握する知性の基盤でもあるからです。

強くてすてきな自分たち

　人間はだれしも、自分に必要な「物語」を生み出すことで、バランスをとって生きています。自分で日々つくりだしているにもかかわらず、自分でコントロールすることができない「物語」の最たるものが「夢」ですが、それについては、アメリカの作家ポール・オースターがこんなことを述べています。

　　……夜に夢をみることができなければ人は発狂してしまうという。同じように、子どもが想像の世界に入ることを禁じられてしまったら、いつまで経っても現実世界を把握できないだろう。……[8]

❽ ポール・オースター著、柴田元幸訳「記憶の書」『孤独の発明』新潮社、1996年、254頁。

　夜、夢をみることでバランスをとっている精神世界についての考察を深めたのは、自分自身が神経症に悩み続けたフロイトでした。人には、日々起こる精神の失調を、その日に夢をみることで乗り越え、明日を生き延びるための英気を養うしくみがあります。眠りには、身体的回復のみならず、精神の正常化をうながす効果があるわけです。たしかに眠ることを妨げられたならば、私たちの多くが、精神的な病に陥る危険性があることは否定できないでしょう。「夢」は、私たち人間が、人として生きていくためになくてはならない精神の安定源です。

　そしてこの「夢」と同様の重要さをもつものとして、オースターは、子どもにとっての「想像の世界」を取り上げ、子どもには「現実世界を把握する」ためにこそ「想像」の世界が必要だと言っています。もし、想像上の生き物であるカッパの「ガータロー」を信じる自由がなければ、子どもは、「現実世界」で起こる出来事を理解することができないままになってし

まうという警告です。人は「想像をめぐらせる自由」があってこそ、困難のある現実世界のことも自分なりに受容することができるのでしょう。

では、翌年も3歳担任となった田境さんが今度はザリガニの「ザリ男」に扮して子どもたちとつり遠足に出かけた11月の様子を見てみましょう。

＊待ちに待った日！

"ザリ男"とザリガニつりに行くことを約束して、早幾日、ついにやってきた"ザリ男"との約束の日です！　壁に飾られたマイつりざおを眺め、『ざりがにのおうさままっかちん』は何度読んだかわかりません。思いはふくれ上がって最高潮です。机にリュックを出して準備をしていると、"ザリ男"登場！「うお———」「きゃ———」「"ザリ男"きた———」と大歓声でむかえる子どもたち。きっと"ザリ男"はアイドルにでもなった気分だったことでしょう。

つりざおを"ザリ男"が背負い、子どもたちは水筒を持って、いざ出発です！

『ざりがにのおうさま まっかちん』
大友康夫 作・絵
福音館書店、1991年

ザ「うわーなんだ！　あのでっかいの!!」
子「ゴミ収集車だよ！」
ザ「うわ！　バクバク食べてる！」
子「ゴミをね、ポイポイって入れてるんだよ〜」
ザ「なんだこれ？」
子「みかんだよ！」
ザ「なんか飛んでる！」
子「飛行機だよ！」
ザ「えっ！　あれに人間が乗ってるのか？」
子「そう！」
ザ「ひぇ〜」

なんて、会話もおもしろく平和公園へ差し掛かったところで、たくさんのカラスが……。

ザ「カラスこわい〜」と震えだす"ザリ男"です。
ザ「仲間たちが何人も連れていかれてしまったんだぁ〜」といきなりシリアスな展開に……なんとなく言ってみたのですが、

子「大丈夫だよ！」とか「守ったげる！」と頼もしい反応です。
　ザ「カラスこわいよ〜」とカラスゾーンを駆け抜けて、ザリガニつりの現場へ
　　到着です。

　マイつりざおに煮干しをつけてもらい、いざザリガニつりです。くま組以外にもたくさんのつり人がいました。まわりからの"ザリ男"への視線を感じますが、なんのその！　ザリガニつりに集中です。……まったくつれません。だんだん、あれっ？　つれないぞ？　という雰囲気が漂ってきます。そんな雰囲気を打破してくれたのが、

　ザ「失敗は」
　子「成功のもと‼」

　という『ざりがにのおうさままっかちん』に出てくる合言葉でした。成果は、藻が２、３人つれました。❾

❾ 田境敦（愛知・名古屋市公立保育園）「くまぐみだより」（2015年12月号）より抜粋・編集。

　「ザリ男」は、赤っぽいＴシャツに赤い半ズボン、赤い帽子から長い触角が２本ぶら下がるように出ている「いでたち」です（**巻頭図内写真参照**）。田境さんが変装するこのザリガニの「ザリ男」が、11月（冬）であるにもかかわらず、かなり薄着なのは、夏のプールのさなかに登場したという事情によります。カッパの「ガータロー」の時と同じく、顔は丸出しで「バレバレの変装」です。「ガータロー」同様、「ザリ男」の田境さんにはこわくて近寄れない子どもも、夏のはじめごろにはもちろんいました。
　でも、時はめぐって11月。子どもたちは、たびたび「ザリ男」といっしょの時間を過ごし、手紙でやりとりをする仲にもなり、「アイドル」のように登場を歓迎する「ザリ男」になりました。のみならず今では、天敵であるカラスをこわがっていれば、「守ってあげたい」存在でさえあります。
　ここで秀逸なのは、なんといっても、「失敗は」「成功のもと」という絵本の合言葉が、「現実」のザリガニのつれない状況を前向きにとらえ直す〈かけ声〉になっていることでしょう。
　「声を合わせて困難に立ち向かえる」自分たちだということが、３歳の子どもたちにとってどれだけうれしいことか、想像に難くありません。「物語」

"ザリ男"とつりを楽しむ子どもたち。

がそれぞれの子どもに勇気を与えている様子がよくわかります。

それにしても、このつりぼり、3歳児と行く先には通常選ばないような遠方で、「本当にそこまで行くの？」とまわりの保育者には驚かれる場所にあるそうです。しかも、結果をみれば「藻」がつれただけのつり体験。にもかかわらず、つりの結果にはほとんどだれもこだわっていないところに「ザリ男の物語」の威力を感じます。

子どもたちはつりぼりが園から離れているという「現実」を知らないわけではありません。もちろん疲れてもいたでしょう。でも、「ザリ男」に人間の世界を教えてあげ、カラスから守ってあげる役を引き受けられるほどに強くてすてきな自分たちに「なる」という想像の世界が、遠足を楽しくしています。「イッチョマエ」が誇らしい3歳児の思いにぴったりな「物語」を、長い旅路の伴奏として見つけ出すことができれば、子どもも保育者も目の前の困難を乗り越えていけるのかもしれません。

目に見えない大切なものの存在を感じること

ただ、たとえば、夕闇を1人で歩いているとき、どこかから手がのびてきてつかまれそうに感じる心細さのような感触や、暗闇に「おっかなさ」を感じる感覚は、私たちにも身に覚えはないでしょうか。目に見えないものを畏れる気持ちです。生命の不思議さや、自分がここに生きている奇跡

といった「科学的知識だけでは知りつくせない感じ」は、人はみな、どこかにもっているものでしょう。

　3歳児ほどには、もはや不思議な世界と現実との境界があいまいな融合感覚を実感することはできないとしても、架空だけれどうそではない、頭で理解することはむずかしいけど感覚としてはわかるというような時空への扉は、おとなになった人間にも、開かれているものではないでしょうか。

　言うまでもなく、こうした命の根幹にかかわる「物語」は1つではありません。加えて、だれかに教えてもらうことのできる世界でもないでしょう。人間は、命のしくみのように自分の存在にかかわる非常に大切なことについてさえ、わからないことをわからないままに引き受けて生きている存在です。たとえば、生と死の境のようなものがそうかもしれませんが、言葉では説明しづらい、目には見えない大切なものの意義は、だれしも感じてはいます。でも、そう簡単には言葉で表現することができない。私たち人間には、「言葉だけでは説明できないこと」や「目には見えない大切なもの」を感じる力があり、それらが「物語」として共有され、世界の一部を支えているのだと思われます。

ごっこあそびの中で〈飛んで着地する〉経験をくり返す

　おとなは、「物語」が、「現実ではないつくりもの」であることを育ちの過程の中で理解してきています。常に、「物語」が「だれかがつくった世界」であることを知り、〈現実と架空の世界を分けてとらえる〉認識枠組みをもっています。物語に誘われ「その気になって」想像をめぐらせている間も、「現実」の世界が「自分の戻る着地点」として見えており、「現実」が存在していることを忘れてしまうことはありません。「現実」という着地できる土台があるからこそ、私たちは想像し、架空の世界に身をゆだねることができるのです。

　一方、ガータローやザリ男のような存在をとてもこわがる子どもがいます。こうした「こわがり」の理由として、着地できる「現実」の見えにくさは影響していないでしょうか。「見えないとこわい」のは当たり前です。しっかりと着地できる地面（「現実」）が見えていないところで、「現実という地面から飛び上がるジャンプ（空想あそび）」を楽しむことはできませ

ん。演じている保育者が「あちらの世界」に飛んでいってしまい、もうこちらには戻って来ないのではないかと畏れる気持ちが、「こっちに早く帰ってきてほしい」「役からおりて、こっちへ戻ってきてほしい」という声にならない叫びになっていることも、ガータローやザリ男をこわがる子どもの気持ちのどこかにひそんでいそうです。

　「現実」という土台が見えにくい中で、「想像の世界」に向かって飛び跳ねることは勇気がいることです。でも、子どもたちは毎日の"ごっこあそび"の中で何度も飛び跳ね、そして、そのたびに着地する（「現実」に戻ってくる）経験を重ねています。〈飛んで着地する〉"ごっこあそび"の中でくり返し、「現実」という土台の堅実さと、「想像の世界」の際限のない広がりを自分の可能性とともに感じているのではないでしょうか。こうして、ごっこを通して「新しい自分に出会う」3歳児にとって、「物語」は、「自分を知る」うえでも重要であることがわかります。

虚構が生み出す想像力

　では、そんな「物語」実践の実際を具体的にイメージするために、やまなみこども園の佐伯由佳さんたちの散歩風景を見てみましょう。

＊地球のみなさん こんにちわ

　今日は、プールまでのちょっとした時間に、ご近所のぶらぶら散歩に出かけることにしました。すると、しばらく通ってなかった道の大きなお宅がとりこわしの工事をしていました。大きなショベルカーを間近に見ながら、ぶつからないように（ぶつからないけれど）、壁の方で横歩きしながら通って水源に来ました。大きな丸いタンクが2つ並んでいます。

　　てつ「あれなあに？」
　　ひろ「うちゅう？」
　　ゆか（保育者）「そう、あれは宇宙開発センターだよ。あそこからUFOが出て
　　　　くるの」

　みんな目をまん丸にして話を聞いています。息をのんで水がたまっているタン

ひとくちメモ

子どもは、「自分がどんなふうに感じる人」であるかを、「物語」の場面を通して徐々に知り、「物語」の登場人物になりきって、自分とは異なる人物を経験することを通して、想像を広げ、創造性を養っています。それは、ヒトには、「他者から直接に学習するだけでなく、他者を通しても学習できる」（トマセロ著、大堀壽夫他訳『心とことばの起源を探る』勁草書房、2006年）という特徴があるからです。だとすれば、「自分の世界で思うままにしている」だけでは子どもは人間らしい「自己の拡張」を楽しむことはできません。子どもたちは、だれかがつくったおもしろい「物語」に出会い「自分の知らなかった自分」に出会うことを、目を輝かせて待っているのではないでしょうか。

クを見つめます。

　　ゆか（保育者）　「夜になったら、ピシューってＵＦＯが飛び出してレーザー光
　　　　　　　　　　線出すんだよ」
　　もっち（保育者）「あの青いのがヴィーンって動くんだよ」

だんだん私たちもその気になってちょっとドキドキします。

　　りくと「あそこにおじさんがいる」
　　ゆか（保育者）「耳の形がおかしい。こうなってる！」

宇宙人っぽい耳の形をすると、みんな口をおさえてその人を見ます（草むしりをしている作業員の方）。
いつもはどんどん進むそうたろうも、今日は一番には行かずにみんなの中にいます。死んだコガネムシを見つけました。こうちゃんが大きな声で言います。

　　こうた「なんか死んでる」
　　りくと「レーザー光線にあたったんじゃない？」
　　ももか「さっきもあそこにレーザー光線あびたナメクジがいた」

太陽でひからびたミミズや虫は、まるで本当にレーザー光線をあびたかのようです。すると、

　　さわ　「あっほっしーもあびたんだ」

ほっしー（新人保育者の相星さん）はお昼寝の時間、学童保育に行って日焼けして真っ黒になっているのです。

　　ほっしー「ほっしーはあびてません！」

さわのぴったりの指摘に笑ってしまいました。その後もセミの死がいやカタツムリの殻を見つけては、あーこいつもやられたんだ……とイメージをふくらませ

る子どもたち。やまなみに帰るまで、目に見えない宇宙人やＵＦＯに思いをはせるこぶたさんたちでした。その想像力の豊かさは、私もドキドキ、ワクワクするほどでした。暑さでめげそうになる毎日も、子どもたちといっしょなら、すこぶる元気になります。今日も元気いっぱいなこぶたさんたちでした。⑩

⑩ 佐伯由佳（熊本・やまなみこども園）「きょうのほいく」（2015年7月24日付）より抜粋・編集。

　3歳児クラスこぶた組の子どもたちが、「物語」に胸を高鳴らせて近所を散策する姿が目に浮かびます。おとなから見れば明らかにぶつからない位置にあるショベルカーを、横歩きで懸命によけて歩く3歳児の姿を想像するだけで微笑ましい光景ですが、ただの水タンクを、「あれ何？」「うちゅう？」とたずねる子どもの「声」を逃さずキャッチし、即座に「宇宙開発センター物語」をしかけていく保育者の瞬発力には、驚きを越えて感動すら覚えます。

　「保育者が渡す物語」のきっかけは、日常の子どものつぶやきの中にたくさん隠れているのでしょう。こうした子どもの「小さなつぶやき」や「わずかな表現」を見逃さず、スピード感のある応答で子どもの期待にこたえていくセンスもまた、子どもとともに保育を楽しくつくりだしていくためには必要であることに気づかされます。

　保育者が「つくりごと」を語りだしたとたんに子どもたちが真剣に聞き入り、その保育者の「のり」に背中を押されるように、子ども一人ひとりの中にある「物語」が展開していくところに、「保育者が手渡す文化」を背景にもつ保育実践のおもしろさがあるようです。

　「地球のみなさん　こんにちは」というタイトル通り、壮大な宇宙からのメッセージも、保育者のユーモアで、おとなにはクスッと笑ってしまう物語、そして子どもには想像力が刺激される物語として、「おたより」へ編まれていきます。近所で整備作業（草むしり）をしていた方の「耳の形」を「宇宙人っぽく」見立てることで（ってどんな形でしょう？）、目に見えるようで目に見えない宇宙人の存在を、それぞれの子どもが感じるきっかけをつくっています。

「文化」としての「物語」——世代を越えて受け継がれる子育てのしくみ

　「いやいや。こんなにドキドキする物語を演出してしまったら、その場で

足がすくんで動けなくなる人、泣き出す人が続出してうちでは無理です」という3歳児クラスもきっとあるでしょう。散歩どころではなくなってしまう3歳児には、当然、同じような物語を語る必要はありません。「うちゅう？」という発想に対しても、もう少しマイルドな「つくりごと」で「宇宙っぽさ」を表現していくことは十分可能です。

物語の住人の出現に、「あ、あれは……!?」と保育者（由佳さん）に身体を寄せる。

　先の田境さんも、子どもの中に「こわがりすぎる」人がいる場合には、「これはやめておこう」と判断し、その日の「ごっこあそび」の内容をその場で変更していました。こうした対応の多様性を支えるしくみとして、「物語」を子どもに渡す際の判断基準や、子どもの反応から「物語」を最善の形に加工する応答的柔軟性が保育者には必要なことがわかります。

　節分に鬼が出てきて子どもを泣かせるのはいかがなものか、というのは保育の中のお馴染みの"問い"です。同じように泣いている子どもでも、「これからの人生の糧になる」と感じる場合と、「こわがらせすぎ」と感じる場合があるのではないでしょうか。「鬼がきて子どもを泣かせるなんて子どもに意地悪しているようにしか見えない」と思う人も、もちろんいるでしょう。もとより、子どもが「物語」に浸っている姿をどうとらえるかは、人それぞれです。

　しかし、「物語」がその人の何十年も先の人間形成にどう影響するかについての想像をめぐらせることは、専門家としての保育者の役割でもあります。こうした未来への考察なしに、保育者が、過去から受け継がれてきた文化的な教材を、未来に生きる子どもへと渡すことはないでしょう。もちろん、子どもの育ちに対する予測は、目の前に生きている子どもの姿に合わせ日々修正され、その都度変化していきます。それぞれの人に必要な「物語」を臨機応変に編むことが保育の中では重要です。

　しかも今、かつてさかんに行われていた手間ひまのかかる伝統行事（冠婚葬祭）など、非日常をつくりだす「祭り」は、効率化を目指す現代社会の無駄として省かれる傾向にあります。たしかに、「祭り」の準備に翻弄されて、日常生活が圧迫されては本末転倒、スリム化が必要な伝統行事もあるでしょう。ただ、園の行事を精査していく際には、それぞれの行事に込められた「物語」が支えている「人が交流するしくみ」や、「世代伝達の知恵」まで失ってしまわないよう、工夫や配慮が必要です。

　その際、自分も子どものころに、おとながつくってくれた「物語」の中

で育つことを楽しんだ経験が身体の記憶として残っていれば、子どものドキドキやこわがりの度合いを見ながら、「これはやめておこう」「いやこれはいいだろう」という〈加減〉がわかるのではないでしょうか。逆に言うと、こうした「物語」性のあるあそびを子ども時代にまったく経験してこなかった人には、「物語」を通じて子どもを育てようとする自分以外のおとな（保育者）の意図や、おとなが子どもの笑顔も泣き顔も含めて愛おしく感じていることなどは、わかりにくいことかもしれません。

　散歩の話に戻ります。他の園ではいざ知らず、やまなみこども園の3歳児には、このハードなドキドキ感がぴったりだったようです。水タンクが「宇宙船の基地」で、草むしりのおじさんが「宇宙人」。この「あやしい物語」を保育者から聞いたあと、真夏の太陽に焼かれた「死んだ虫」を見つけては、「レーザー光線」でひからびたという「物語」をつくりだす子どもたちには笑ってしまいます。

　こんなふうに、答えが1つではないことや、そもそも答えなどないことにワクワクと思いをめぐらせる経験を、「くだらない」ことではなく、「かけがえのない」こととして子ども時代にしておくことが、その後の人生をどれほど豊かにするか、保育研究としてもさらなる探求が待たれるところです。加えて、子どもが興味を示した「うちゅう」という声に応答して、ただの水タンクを「ＵＦＯが出てくる宇宙開発センター」に勝手にみたてた保育者が、なんと、自分たちも「その気になって」ドキドキしてしまう様子に、滑稽さを通り越して、子どもとつくる保育実践の計り知れない可能性を感じます。このように保育者もドキドキする「物語」でなくては、子どもがのりのりになって次の「物語」を紡いでいくエネルギーは生まれてこないのでしょう。

自分を差し出す"ごっこあそび"

　ところで、提案された「物語」に「のる」か「のらない」かの判断は、多くの3歳児の場合、「おもしろそうかどうか」にかかっているように思われます。しかも、提案があっさりと却下されたり、あるいはまったく相手にされずスルーされたりしても（反応がなく受け流されても）、あまり気にしないのが3歳児でもあるでしょう。

ひとくちメモ

加用文男さんが言うように、「あそび」には「のり」が必要です（『遊びの必須アイテム』ひとなる書房、2015年）。「物語」を共有する"ごっこあそび"の只中にいる3歳児を見ていると、相手が事実と違うことを言っていることがわかっていても、「おもしろそうだ」と思えば「のり」で合わせる姿が確認されます。宇宙人の「レーザー光線」の物語は、この時のこぶた組の気持ちにぴったり合っており、だれもこの話に「のらない」人はいなかったのでしょう。

3歳児は、おもしろければのるし、おもしろくなさそうならのらないと、あそびに参加する判断の基準が明快です。相手の傷つき方を想像して、おもしろくないけどおもしろいふりをすることなどあまりしない3歳児の場合、後腐れもないようです。「のり」がピタッときたときの抜群の応答性の高さも、3歳児の特徴です。「**おもしろいことが大好き**」な3歳児はおそらく「つまらなそうなことには近づかない」「つまらなそうなことははじめからしない」のでしょう。

また、自分が想像しつくりだした「物語」をいっしょに共有してくれそうな人に提案してみること、つまり仲間になりたい人に「自分を差し出す行為」が"ごっこあそび"の基本ですが、3歳児の"ごっこ"の提案は、はたから見ていれば無理の連続です。"ごっこ"の物語を提案する人にとっては、自分がどこまで受け入れてもらえるかの挑戦であり、物語を受け入れるかどうかの判断をする人にとっては、何がおもしろそうかつまらなそうかの選択の連続、ということになります。あるいは、それほどかみ合っていなくても進んでいくのが、3歳児の"ごっこあそび"のよさかもしれません。

こうした"ごっこ"の提案の中で子どもたちが確かめていることとして、「遊んでいること」を外側から認識する「**メタ認知**」があげられます。メタ認知能力、つまりそれは、「いま進行中の自分の考えや行動を対象化して認識することで、自分自身の行動を把握することができる能力」ですが、この自分のしていることを外側から認識する力もまた、"ごっこあそび"の中で養われていると考えられます。

「これは、ごっこだよね？ そうだよね？」という思索をしつつ、〈遊んでいる状態〉を徐々に外側から判断できるようになっていきます。「このあそびはおもしろいかな？ そうだね、おもしろいね。じゃあやろう」というように、「のる」か「のらない」かの判断も外側からしていきます。

もちろん、メタ認知能力を高めるために"ごっこあそび"をしている子どもはいません。本人は「おもしろいから遊んでいる」だけです。ただ、"ごっこあそび"のしくみを構造的にとらえてみれば、こうしたメタ認知的な能力を子どもが身につけていくことが確認されるということです。そしてこの「メタ認知能力」は、その後の人生を生き抜くうえで、非常に重要な知性の一部になっていきます。

ひとくちメモ

「メタ認知」とは、認知過程およびその関連事物に関する自分自身の知識のことです。メタ認知能力が高いということは、自分の感情や思考を客観的にとらえて評価し、制御する能力が高いということになります。自分のことを客観的に観察し、相手への気配りができるので、適度な距離感を保ちながら人とつきあうコミュニケーション能力の基盤にもなります。

column　絵本が教えてくれる「外あそび」の魅力

磯崎園子　絵本ナビ編集長

❶ こぐま社、1971年

❷ 福音館書店、2005年

❸ ブロンズ新社、2008年

❹ 小学館、2009年

❺ 偕成社、1976年

　3歳の時、園庭がほぼなかった園から、砂場やちょっとした畑のある園へ転園した息子。園庭のあまりの広さに心が解き放たれたのか、洋服は毎日泥だらけ、つめの中は土だらけ。興味があるのは、セミやバッタ、泥んこあそびに追いかけっこ。子どもって、心おきなく外あそびできる環境があれば、自分から世界をどんどん広げ、好きなあそびを見つけていくことができるんですね。そして遊びながら工夫したり、友だちといっしょにいる楽しさを発見したり……。そんな子どもたちの目を輝きのワケを、おとなにもよくわかるように伝えてくれる絵本があります。

❶『こぐまちゃんのみずあそび』わかやまけん 作
最初はじょうろを使ってささやかにはじまったこぐまちゃんたちの水あそび。ところが、しろくまちゃんがホースを持って来たことからあそびがエスカレート。それはそうですよね。あんなにいっぺんに水が飛び出してきたらおもしろくてしかたがありません。どこまで発展していくのでしょう？　やりたい放題、最後までやりきるというのは、家庭ではなかなかむずかしい、かけがえのない経験です。

❷『ぼく、だんごむし』得田之久 文、たかはしきよし 絵
土や草があると、そこに必ずいるのは小さな虫たちです。たまに、外にいるのにじーっと座り込んで動かない子がいますが、もしかしたら虫たちを観察しているのかもしれません。ちょうちょやバッタを追いかける「派手」な虫あそびだけでなく、静かに見ているだけで、心を最高にときめかせている子もいるのでしょうね。

❸『にんじゃ つばめ丸』市川真由美 作、山本孝 絵
道具なんか何もなくたって、「にんにん！」と手裏剣を飛ばすまねをしたり、壁際を走ったりすれば、あっという間に「忍者あそび」がはじまります。不思議なほど子どもたちを夢中にさせるこのあそび。この絵本を読めば、子どもたちはすぐさま動き出すはずです。

❹『そらまめくんとながいながいまめ』なかやみわ 作
子どもたちに大人気の「そらまめくん」シリーズより。そらまめくんが新しく出会ったのは、長い長いベッドの持ち主、さんじゃくまめの兄弟。お互い自分たちのベッドが自慢です。だから自然と競争がはじまるのですが、その真剣なたたかいだって大事なあそびのひとつなのかもしれない……と思わせてくれるお話です。負けん気が強い子がいたり、やさしい子がいたり。子どもたちもまさに、そんなふうに心をたくさん動かされながら友だちとの関係性を築いている真っ最中ですね。

❺『木はいいなあ』J・M・ユードリー 作、M・シーモント 絵、西園寺祥子 訳
大きな木がある生活がどんなにいいか、そのすばらしさを描いているこの絵本。木陰で休んだり、ブランコをつけて遊んだり、落ち葉で遊んだり。園庭に大きな木が1本あって、子どもたちが思い思いに木とつきあって、時々「木はいいなあ」と感じたりする。どの保育の場にもそういう日常があったらいいな。

　こう並べてみると、絵本の中にはあそびの中での子どもの心の動きを理解できる、たくさんのヒントが隠れているようです。毎日同じことをくり返しているように見えた息子の保育園での日々も、大切で大きな発見に満ちあふれていたことがよくわかります。そしてこれらの絵本を子どもたちが読めば、新しいあそびに出会うきっかけになったり、絵本の中の友だちに共感してお話に入り込んだりしていくのでしょう。

2　身体を動かすというアート——リズムあそび

　絵本や語りを通じて保育者から子どもに渡される「物語」以外にも、「**文化に開かれた生活**」を形づくる保育実践はたくさんあります。世界的には、北イタリアのレッジョ・エミリア市のように、保育者やアトリエリスタ（芸術保育者）が新旧さまざまな表現技法を伝え、子どもたちが多様なツール（技法）の中から自らを表現できる方法を選んでいく保育実践に注目が集まっています。一般的に「アート」と呼ばれる造形や描画などを、子どもが自分を発信するツールとして選ぶ保育です。そこでは「アートは暮らしそのもの」であり、本章の課題である「**文化に開かれた**」保育実践を構想するにあたっても、学ぶことの多い実践に違いありません。

　ここではもう一つ、「**文化に開かれた**」実践として、音楽や体育、舞台芸術や民衆文化など多くの表現技法が重なり合う「リズム」あそびを取り上げたいと思います。「リズム」は、<u>リトミックやさくらさくらんぼの保育</u>によって、保育現場に広がっている文化的実践だと考えられますが、その今日的な実践の様子を次に見てみましょう。

これ以上誘ってはいけない

＊その時を待つということ。

　かんちゃんは４月にやまなみに入園してきました。水あそびや泥あそびが大好きで、やまなみにもすぐ慣れて、給食もおやつもおかわり組です。だけど、ただ１つだけやまなみ生活でしないものがありました。リズムです。みんながどんなに楽しそうにリズムに出てきても、かんちゃんは座ってじっと見ています。

　こぶたさんは気分がのった時はするけれど、気分がのらない時はしない子もいます。でも、全部しないということはないのです。さわちゃんやももかちゃん、れいなちゃんは、リズムが大好きで、きりんさん（５歳）やたぬきさん（４歳）のちょっとむずかしいリズムもあこがれのまなざしで見つめています。さありちゃんとあんなちゃんもリズムの時はホールにウキウキして出かけていきます。

ひとくちメモ

「リズム」の具体的な実践方法は地域や園によってさまざまですが、ピアノのメロディーに合わせ子どもにとって身近な生き物などを全身で表現したり、心身の育ちに合ったスキップやギャロップを楽しむ身体的音楽表現活動の呼称として定着しています。ルーツの１つとされるリトミックは、20世紀初頭に興隆した新教育運動の中、スイスの作曲家ダルクローズが開発した音楽教育方法で、やみくもに楽器を習わせるのではなく、子どもが自ら音を聞き、感じ、音楽をつくる楽しさを身体全体で味わうことをねらったものです。また、さくらさくらんぼ保育とは、斎藤公子がはじめた「リズムあそび」を取り入れた保育で、自然とともにある生活を通して子どもの五感を刺激し、質の高い文化・芸術を耕し、感受性豊かな脳を育み、ヒトが人間として独り立ちする成長を目指す、おとなも子どもも等しく共感し合う保育です。

みんなリズムが大好きなのです。
　かんちゃんもけっして嫌いなわけではありません。その証拠にみんながリズムをしている間中、とても集中して見ているのです。そして時々は体でリズムを刻んでいます。まるでイメージトレーニングをしているようです。リズムが終わるたびに、ゆか（保育者）「楽しかった？」と聞くと、かん「うん、今度はする」と必ず決意表明してくれます。なまけてしないわけでもなく、他のあそびがしたくてしないわけでもない。ただ一歩が出ない。入園した時に、他のこぶたさんたちがリズムを楽しそうにするのを見て圧倒されたのでしょう。なかなか一歩を踏み出す勇気が出ないようでした。ただあこがれはふくらんでいるようで、お家でお父さんとお母さんに指示を出して、汗じゅっくりになるまでリズムを楽しんでいたそうです。
　見ているかんちゃんに行こうと誘っても、首を横にふって口をギュッとつぐんでまっすぐに友だちを見ています。無理やり手を引いてするのは簡単ですが、リズムは強制してするものではありません。かんちゃんが一歩踏み出すのを待って待って、そしてその時がやってきました。
　その日は埼玉のいなほ保育園から男性保育士の寺川さんがこられて、私たちおとなもあこがれるほどすてきな動きを見せてくれました。その動きを目をキラキラさせて見ているかんちゃん。こぶたの番になってぱっとかんちゃんを見てみると、出て来てはじっこの方でしているではありませんか。ヤッターと飛びあがりたいほどうれしかったけれど、そこはぐっとこらえて、ポーカーフェースです。ほっしーに目配せして、2人で"もううれしいネッ!!"とにっこりし合いました。
　それからカメはかんちゃんの大好きなポーズ。その時に"かんちゃん上手!!"と声をかけると、満足そうに"うんっ"とうなずいていました。それからあとはフル出場です。ちゃんと見学してイメージトレーニングもバッチリだったので、とても上手に、しかも楽しそうに飛び跳ねていましたよ。やっぱりリズムはやらされるものではなく、自ら身体が動き出すものなのだと、かんちゃんのはじけた笑顔を見て再確認しました。⓫

❶ 佐伯由佳（熊本・やまなみこども園）「きょうのほいく」（2015年5月20日付）より抜粋・編集。

　3歳児クラスこぶた組では、ピアノに合わせて身体を動かす「リズム」への参加は、「のった時はするけれど、気分がのらない時はしない」ということになっています。「リズム」への参加が強制されることはありません。たしかに、やまなみこども園の3歳児の「リズム」の様子を見ていると、

脇で寝っころがっていたり、うしろの方でケンカがはじまっていたり、子どもはそれぞれの時間を何かに強制されることなく過ごしています。

そんな中、あと「一歩が踏み出せない」かんちゃんに対し、本人が自ら輪に入ってくることを待ち続ける保育者がいました。「これはよいものだからね」とか、「あなたならできるはず」とか、「は〜い、そこに並んでくださ〜い」とか、音楽の軽妙さに合わせてぐいぐいとひっぱって行くことも可能な「リズム」ですが、保育者の由佳さんたちは、輪に入ってこないかんちゃんのことを、とにかくじーっと見守っていました。

すてきな音楽がピアノで奏でられるたびに友だちの「リズム」を食い入るように見つめるかんちゃんの姿。しかも、家では挑戦しており、「今度はする」という本人の決意表明まであるのであれば、保育者が手を引いていっしょにやってみることや、もう少し背中を押してみることがあっても、それは「強制」ではなかったような気もします。

でも由佳さんにたずねてみたところ、この時は、「これ以上誘ってはいけない」と感じていたそうです。「リズムははじめがとっても大切。かんちゃんが自分でするのを待つしかないと思った」と。この「人を信じて待つ」姿勢が、**子どもとつくる保育**」では非常に重要だと改めて感じます。

最終的にかんちゃんが思わず飛び出して「リズム」をしたきっかけは、由佳さんたちから見ても息をのむような、他園から来ていた保育者による「本物」の身体の動きでした。その音楽と動きに導かれるように、身体がふわりと前へ進んだかんちゃんの姿は、たしかに涙が出るほどドラマチックな場面だったでしょう。かんちゃんは、「みんなに見られてはずかしい」と

リズムで「カメのポーズ」を楽しむ由佳さんとほっしーと子どもたち。

117

か、「できないかもしれない」とか、そうした不安を思い出す間もなく、「本物のリズムの動きに魅せられて」、我を忘れて飛び出したのでしょう。自分をふり返る間もなく、音楽に身をゆだねた「リズム」の経験は、かんちゃんの長い人生の中で、「音楽を聴く」ことや「身体を動かす」ことに、どれだけ大きな意味をもつことになるのかは想像に難くありません。

本気で打ち込むおとなの姿から伝わるもの

　こんなふうに「やらされた」ことではなく、「自分でやった」という身体記憶を子ども自身が自分の中にもてる保育が、いま切実に求められています。そのためにはまず、そばにいるおとな自身が〈文化の担い手〉として、自分や、社会や、文化に対し、手を抜かずに向き合う時間が必要です。由佳さんたちやまなみこども園の保育者は、プロの演劇家から演技や歌唱を学ぶワークショップに定期的に参加し、おとな自身が「身の丈の文化を生み出す担い手」であることを意識的に実践しています。私たちのもつ文化を子どもに伝えたいと願うならば、まずはおとな自身が、その文化の担い手として本気で実践する必要があるのでしょう。

　「文化の創造」に懸命に打ち込むまわりのおとなたちの姿の中から、子どもたちは、今の自分を越えた先にある「なりたい自分」を探していきます。鍛錬によって習得されたおとなの技や、手間ひまかけてつくられたおとなの作品を見た子どもは、洗練されたそのコトやモノの中に未来の自分を重ねつつ、今を越え出ていこうとするエネルギーを高めていくでしょう。

　もしおとなが、「子どもに教える」ことだけに躍起になっていたら、はたして子どもはそのおとなにあこがれるでしょうか。子どもの方を見て「注意」しているだけのおとなに、子どもが夢中になることはありません。「**子どもとつくる保育**」の実践者は、子どもの姿を視野に入れつつも、人類の生み出してきた文化遺産にも目配りすることを忘れないことが必要でしょう。

　と同時に、過剰に子どもに「迎合した」コトやモノを文化として用意する必要はないのではないでしょうか。「子ども向けに用意される子どもだまし」のコトやモノの中には、「子どもはこういうものだ」というステレオタイプな押しつけも、刻印されているように感じます。子どもがおとなの予想を越えた「自分になっていく」ことを妨げない、そんな文化的な「自由

度」が、これからの保育には必要ではないでしょうか。

　経済的格差が深刻さを増す今という時代にこそ、すべての子どもに、自分を鼓舞する「絵本」や「リズム」や「絵画」や「物語」などに触れる機会を保障したいと思います。自分を越え出る「自由さ」を子ども自身がもてるよう、多様な文化的営みが毎日の暮らしにあふれている保育を創造していきたいものです。

線と色とお話で描かれる3歳の世界　　　　　　　　　　熊本・やまなみこども園

身体をめいいっぱい動かしたり、じーっと集中したり、友だちとくっついたり離れたり、家族のことを大切に思ったり、気持ちが揺れる出来事を子どもは個別に経験しています。この「経験の物語」が、言葉を越えた絵として表現されます。たとえ同じ場を共有した出来事でも「経験の物語」は人それぞれ。同じ構図、同じ色、同じ筆づかいの絵にはなりません。一人ひとりの子どもの声が絵から聴こえてきます。

楽しかった家族とのお出かけを再現するように、道順を説明しながらマジックを走らせる。

「ここがどうろ。
あとここがペンギンすいぞくかん。
ペンギンがおよぎよる。
ここがおうち。
ペンギンの車とめるところ。
そしてここが入り口。
すいぞくかん。」（たくま）

自分と家族と友だちを
画面いっぱい描いて……

「いないいないばあちゃん
くらいくらいばあちゃん
かんかんばあちゃん
おはなししてる。」（ももか）

第Ⅱ部●3歳児クラスの実践の展開

第3章
おとなの支えのもとで子どもたちが「創造的」な時間をつくりだす保育

　第Ⅰ部で確認したように、3歳児保育の課題は、子どもとともにおもしろい毎日をつくることです。とりわけ、子ども自身が友だちといっしょにおもしろさを共有し、新たにつくりだしていく**「創造的で協同的な活動」**は、3歳児保育においてもぜひ実現したい活動です。

　こうした活動は、あらかじめ計画して準備するものというより、なにげない日常の中からわきあがってくるものです。そのためには、これまで登場してきた実践のように、自然や文化との豊かな出会いを子どもたちに保障するとともに、日々の生活そのものを、子どもにとって安心でき、自由に選び、動ける余地のあるものにしていく必要があるでしょう。

　とりわけ、「やってもらう」生活から、「自分でする」生活への過渡期を生きている3歳の子どもたち。「排泄すること」「食べること」「眠ること」「着ること」など、身近な人の姿を見たり、まねをしたりしながら、徐々に獲得していく技法、「生活の文化」がたくさんあります。おとな主導ではなく、「子どもとともに」進めようと努力しつつも、保育の基盤となる「習慣の形成」がなかなか一筋縄にはゆかず、悩む保育者も多いでしょう。

　そこで本章では、前半（1・2）では**「基本的・日常的生活活動」**にまつわる実践を、後半（3・4）では、そうした安心できる生活や日々の楽しい経験の積み重ねの中から**「創造的で協同的な活動」**が立ち上がっていく実践を取り上げたいと思います。

❶ 身体の声を聴く──「排泄の自立」へ

まずは、「排泄」の様子から見ていきましょう。

「区分」ができる前

東京の保育園保育士の佐藤美智子さんは、3歳児の排泄は、あくまで「自立」ではなく「ほぼ自立」だと言っています。なるほど、2歳児クラスまでは複数の保育士に手厚く見守られ、失敗をくり返しながら紙パンツから布パンツに移行していたのに、3歳児クラスになったとたんに保育士の数が少なくなり、それによって「ほぼ自立している子」が多くならざるを得ない、ということはあるのかもしれません。

3歳児クラスの子どもたちは、はたして、どんなふうに「トイレで用を足す」ようになるのでしょうか。佐藤さんの記録を読んでみます。

＊イッショに個室に入る3歳児
　……手すり以外は仕切りのついていない乳児用のトイレと違って、3つある幼児用の洋式便器はそれぞれ個室になっています。小さい子どもたちの集団生活においても、排泄しているところを他人に見られることがないようにという考えからそのようなつくりになっているのだと思います。

　でも、3歳児に関して言えば、他の個室が空いていても、わざわざ先客のいる個室に入りたがったりすることがよくあります。入られたほうも別にいやがるふうではなく、ぎゅうぎゅうで狭いだろうに何やら楽しそうです。個室から出てくると、「した」子だけが手を洗い、他の子はそのまま保育室に戻ります。「だってさっき洗ったもん」とのこと。トイレに行っても、用を足そうという気持ちより、友だちといっしょにいたいという気持ちのほうが大きいのでしょうか。保育士は子どもたちがトイレに行ったら「おしっこするもの」「排便するもの」とつい考えてしまうものですが、子どもたちにとってトイレは、生活やあそびにつながっている場所、友だちとつながる場所でもあるのですね。

4・5歳になると、こうした姿は減って、空いている個室を探して入るようになります。3歳のころとくらべて、遊ぶことと排泄することとの間の時間や場所の区別がついてくるようです。排泄は1人でするもの、というようなおとなが持っている感覚にも近づいてきているのかもしれません。⓬

　自分は「する気」もないのに、他人が入っているトイレの個室にわざわざ入って、ぎゅうぎゅうと身体を寄せ合わせている3歳児の様子を想像するだけで笑ってしまいます。なぜわざわざ、他人が用を足している狭い空間に入り込もうとするのでしょうか。
　個人差はもちろんありますが、3歳児は、他の年齢の人たちより、「くっついて」いることを心地よいと感じやすい傾向もあるように見えます。人との距離が近いために、手が出やすい時期には、たたく、つねる、ひっかく、かみつくといったはげしいぶつかり合いにもなるのでしょう。
　佐藤さんの「おとなの感覚で必要な手順を伝えることを急ぎすぎず、この時期ならではのまわりの世界のとらえ方をじっくり見守ってあげたい」という「排泄」にかかわる保育者の願いには、3歳児の「排泄」をめぐる保育実践の課題や役割がよく表れています。3歳児の保育では、「排泄の自立」を目指すがゆえに、〈トイレへの誘い〉や〈失敗の克服〉などのトレーニングに力が入りがちですが、それだけではなく、子どもがどんなふうに「トイレ空間」や「排泄習慣」をとらえているのか、「保育者側に子どもの姿をじっくり見る」余裕が必要、ということでしょう。
　乳児のころまではお互いに丸見えだった「用足し」が、幼児用の個室になって、やや見えにくい密やかな感じになったことが魅力的なのでしょうか。はたまた、個室に複数で入ると、保育者が「あらら」といった、いつもと違うまなざしで見てくれることがおもしろいのかもしれません。ただ、おとな仕様の立派なトイレや少し薄暗い「お便所」といった風合いのトイレには、こわくてなかなか入れない人がいるのも3歳児です。「1人の空間が落ち着く」とか「トイレで考えごとをする」などという〈おとなのトイレ感覚・排泄空間〉とは明らかに異なっています。
　また、おしっこをしているところを「他人に見られたらはずかしい」と感じるようになることは、「トイレに1人で行けるようになりたい」と願う「排泄の自立」につながる大切な感覚だと思われますが、個室で友だちとと

⓬　佐藤美智子「幼児にとって『排泄の自立』とは――幼児ならではの排泄のとらえ方に着目して」『現代と保育』87号、ひとなる書房、2013年、24〜25頁。

ひとくちメモ
ここに登場する3歳児の認識では、「あそび」と「排泄」は未分離で、そんな区分より大切なのは「友だちといっしょ」にトイレにいることなのではないか、というように、保育者の佐藤さんが、3歳児の「友だちといっしょにいたい」気持ちの強さや、4・5歳児になると「遊ぶことと排泄すること」の区別がついてくる様子を指摘している点も興味深いところです。

もにウキウキしている子どもたちの姿を見るかぎり、これも徐々に獲得していく感覚なのだと気づかされます。排泄という日常風景を取り上げても、3歳の保育実践では、まだまだわからないことばかり。3歳児の排泄は、謎でいっぱいです。

自分で感じ、自分で調整する

　ところで、幼稚園の年度当初は、「オムツをしている」子どもの姿が話題になることはないでしょうか。紙オムツでもかぶれることが少なくなった科学技術の成果も大きいでしょう。ただ、ずっと紙オムツのままでは、トイレに行って「用を足す」経験ができません。自分が行きたいときにトイレで「用を足す」ことは、子どもが自分の身体を自分のものとして感じられるようになる格好の機会でもあり、やはり気持ちのよいこと、うれしいことでもあります。ぬれたことを感じない「紙」から、自分の尿を直に感じる「布」への移行を、保育園で行っている様子を見てみましょう。

＊紙から布へ
　布パンツで1日を過ごす子が多い3歳児ですが、数人は紙パンツで過ごしています。2歳児クラスまでは「まだ紙パンツでいい」と言っていた保護者も3歳児クラスになると「布パンツ」への移行を希望する方が増えます。そこで保護者の協力も得て少しずつ布パンツの時間も作っていきます。やはり暑くなる夏に向けて取り組むことが多いです。この年ごろの子どもが好むキャラクターが描かれたパンツや好みの色のパンツを準備してくれる保護者がほとんどで、保護者の方の思いが感じられます。

　はじめは登園後、朝の支度をして布パンツになり、食事前までを目安に一時間くらいそのまま布パンツで過ごしてみます。食前にトイレへうながした際に成功することが増えてくると、徐々に食事後までのばし、さらに個々の間隔をみながら、午睡後も一時間くらい、午睡後降園までと進め、最後に午睡時も布パンツにしていきます。午睡時に失敗すると、パンツやズボンだけでなくシーツやタオルなど大きな「お土産」になってしまうことがあるので、取り組む際には保護者の意向も聞きながら進めます。今どきは布パンツに付けるパッドもあり、紙パンツと布パンツの間みたいな役目をしていて、午睡時に装着している子を見かけま

す。おねしょパッドを用意する家庭も多いです。

　保育士も「寝る前にトイレに行くよ」、目覚めてすぐに「トイレに行こう」などと気にかけます。失敗してしまった子どもたちの中には「おねしょ」の感覚がなく（眠っている時間なので）「なんか、汗かいた」と言ってくる子もいます。「すごい汗だね」と保育士はこたえます。だって"汗"ですから。⓭

⓭ 同前、26頁。

　自分の好みのキャラクターがついている布パンツ、大好きなお母さんやお父さんと選んだパンツならなおさら、そのパンツをはいているだけで元気になれるのが3歳児でしょう。いきなりオムツなしにするのではなく、布パンツで過ごす時間を徐々に延ばしていく要領です。

　保育者にとって手がかかるのは、最後の難関、午睡時のおねしょであることがわかります。でもここを保護者の協力とともにていねいに乗り越えると、家庭での夜の睡眠でも布パンツで大丈夫な状態に近づいていきます。こうして「オムツがなくても大丈夫」な生活に移行していきます。

　ただ、おねしょについては、子ども本人は眠っていて非覚醒状態であり、意識がないのですから、尿意をコントロールすることはむずかしくて当たり前です。起きた本人が「汗」といえば、それは「汗」として受け止める余裕こそ、保育者には必要なことに気づきます。子ども本人には、気持ちのうえで無理をかけすぎないよう気を配りつつ、まわりのおとなは手間ひまを惜しまず、あくまで「気長に」構え、だんだんと布パンツの日が増えていけばいいのでしょう。

　子ども自身が「自分の」身体から発せられるメッセージである尿意や便意を感じ、自分なりにその「いきたい」感じにこたえる経験を重ねることが、「排泄の自立」へ向かう道です。トイレの中で楽しそうにじゃれ合う、わけもなくうれしそうな時期は、意外と大切なのかもしれません。子どもの身体の声を聴き、楽しく心地よさを習慣化することが、「子どもとつくる保育」における「排泄」の基本でしょう。

排泄文化の伝え方・伝わり方

　続いて、熊本のさくらんぼ保育園のトイレの様子も見てみましょう。
　3歳児クラスの3月、もうすぐ4歳児クラスになるこの時期にも、クラ

スだよりの「いいてんき！」では、「トイレの練習」がテーマとして取り上げられています。

＊トイレの練習
　トイレでのおしっこやうんちも１人でできる子がほとんどになってきていて「行っておいで〜」と任せることが多くなりました。でも、たまに行ってみると、ペーパーを大量にとったり、流し忘れていたり、便器の外にはみ出していたり。もう少していねいに見ていかなければと感じていました。間もなく進級も控えているということもあり、改めてトイレの使い方、おしっこやうんちをしたあとはどうするか……などのおさらいをしてみました。ペーパーはぐちゃぐちゃじゃなくて、折り曲げて必要な分だけとること、うんちのあとは多めにとって、ペーパーにうんちがつかなくなるまでくり返し拭くこと、お尻は前からうしろに拭くこと、お水を流し、もしトイレを汚してしまったら、保育者に教えること、最後はしっかり手を洗うことなどを、ペーパーを使ったりしながら、おさらいしました。そのあと、実際にトイレに行ってみましたよ。大切な習慣の部分ですので、また日常的に身につけていけたら、と思っています。❹

❹ 建川明子（熊本・さくらんぼ保育園）「いいてんき！」No44（2009年３月23日付）より抜粋・編集。

　保育者の建川明子（現在は世良）さんが、子どもにわかるようにていねいに、「排泄文化」を伝えている様子が伝わってきます。実際こうしてみると、トイレの作法には、３歳児同士で個室に入ってキャッキャと遊び、じゃれ合っているだけではわかりようもないものが意外と多いことに気づかされます。

　よく言われることですが、「マナー（行儀作法）とは、相手に気を使わせないこと」に他なりません。すでにあるルールを守ることがマナーではなく、ともにいる相手が自分に気を使わなくてもよいようにふるまえるようになることが、マナーを身につけた状態です。たしかに、だれか１人でも排泄作法を身につけていなければ、ともにトイレを使う人たちが不快に感じることも出てくるでしょう。自分は十分に「イッチョマエ」だと思っている子どもたちとの「排泄の自立」に向けた取り組みは、ここで見たように、３歳児クラスの日常的な保育者と子どもとのやりとりの中で、楽しく、気長に、「こうしたらみんながもっと気持ちいいかもね」という共感の中で実践するものであってほしいと思います。

ただ、さくらんぼ保育園ではその後（2014年度から）、1歳から5歳までが同じ「おうち」で生活する異年齢の保育をはじめています。そこでは、3歳児に、保育者がこれほどの時間をかけて「実演しながら」トイレの作法を伝えることはなくなった気がする、という報告も耳にしました。これは、何を意味しているのでしょうか。

同年齢保育では、保育者の説明や注意が不可欠だったトイレ、お箸、ハサミなどの道具の使い方を含む「文化の伝承」が、異年齢保育では子どもの集団を通じて伝播していく度合いが高まるために、取り立てて説明する必要がなくなっているのかもしれません。

一方の同年齢保育では、ある意味イキイキと、ある意味とても困ったこととして語られてきた「個室にいっしょに入ってキャッキャと喜ぶ姿」や、「トイレットペーパーの際限ない巻き取り」や、「トイレの便器の水に手足を入れて流れを楽しむ姿」など、同じ興味関心のある同年齢だからこそおもしろさが持続する「トイレあそび」があります。もう一方の異年齢保育では、子ども一人ひとりの興味関心の違いから、同じことをして遊ぶエネルギーはやや弱まるのかもしれません。ただ、異年齢のかかわりでは「文化の伝承」や「作法の踏襲」が無意図的に行われているため、「ほぼ自立」の排泄段階にある3歳児にとっては、排泄という人間の行為を理解しやすい状況である可能性があります。

各園の排泄環境は、3歳児の「生の基盤」としてどのように機能しているのか、今後も検討していく必要があるでしょう。

> **ひとくちメモ**
>
> さくらんぼ保育園の異年齢の「おうち」で生活する1、2歳児の「トイレあそび」においても、おもちゃをトイレに流し詰まらせる事件（あそび）はあいかわらずあるものの、同年齢だけでいたころよりも、4歳や5歳の使い方を見ているからなのか、「トイレ」という場が何をするところなのかをイメージした「あそび」が増えている印象です。そして年上の子どもの姿をよく見ている小さな子どもたちは、女の子が立っておしっこをしようとするといった類のハプニングはあるものの、「ああいうふうにやってみたい」というあこがれが「トイレでしてみたいこと」になり、その「やりたいこと」がおおよそそのトイレ作法にかなったものになっていくようです。

異年齢で過ごす
さくらんぼ保育園の
お昼寝前のひととき。

❷ 身をもって知る──「食」のプロセスを保育に取り込む

　保育が人の自立を支える営みだとすれば、「食」は、その実践の要、人が人として主体的に生きるための基盤となるものです。
　離乳食を終えて1〜2年たったばかりの3歳児は、いろんなものを「食べられる」ようになりながら、徐々に「食」の独り立ちをしていきます。あるいは、自分の味覚の傾向を知り、「好き嫌い」に気づき、能動的かつ選択的に「食べなくなる」こともあるでしょう。特定の味や食材の拒否は、その次の段階でおとずれる「もっと広い味覚」への準備でしょう。それは多様な味にチャレンジする日に向けた「自分らしさ」の表明であり、人間らしい発達として大事なことです。人間の独立を支え、人間の尊厳を保障する「食」にかかわる実践は、「**イッチョマエ**」が誇らしい3歳児に必要な生活の基盤となる活動でしょう。
　そして、それは「食べる（食べない）」場面や、「食育」や「クッキング」として用意された取り組みに限定されるものではないでしょう。普段の保育の中に、食材を採ってきたり、こしらえたり、といったことが自然に位置づけられていると、子どもたちも「食」にまつわるプロセスにさまざまな形で参加することができます。

ワクワクよもぎだんごづくり

　2015年度のやまなみこども園の3歳児クラスの担任は、佐伯由佳さんと新人保育者の相星佑弥さん（ほっしー）、そして宮本香里さん（もっち）。この日は、他クラスの保育者上蔀由香里さん（わっしー）もいっしょでした。33名の子どもたちと「よもぎだんご」を作った実践を、由佳さんが書いた「おたより」からのぞいてみましょう。

＊だんごづくりはおてのもの
　昨日、よもぎとりに出かけました。もっち（保育者）は「カエルとりよりもテ

ンションあがる！」とウキウキもっちで出かけましたよ。

　子どもたちはよもぎがどんなものか知りません。あーだこーだ言うより、「実物をとって香りをかぐのが一番！」とまず、見つけたよもぎをみんなを集めて見せます。よもぎを摘んで、形を見ます。

　　るい　「はっぱがギザギザ」
　　はるむ「みどりいろ？」と自分で発見した感想をつぎつぎにこたえます。
　　ゆか（保育者）「そうだね。でもよもぎは色、形ともう一つ、香りがいいから。
　　　　　　　　　かいでみてー」
　　こうた「うん。いいにおい」
　　ゆか（保育者）「でもふしぎだからみててよ。よもぎをこうして……」と手の平
　　　　　　　　　でパンとたたくと香りがぐんと増します。

　子どもたちも目をまん丸にしてビックリしていますが、一番喜んだのがわっしー（保育者）です。「すごーい。ふしぎー」と喜ぶ姿に、子どもたちのワクワク感が増しています。⓯

⓯ 佐伯由佳（熊本・やまなみこども園）「きょうのほいく」（2015年4月17日付）より抜粋・編集。

　これはよく見られる「よもぎとり散歩」の風景でしょう。ただここで注目したいのは、保育者たちが、おとな同士の会話もしながらよもぎとりを楽しんでいる様子です。こうしたおとな同士のワクワク感は、3歳の子どもたちにも伝わっているでしょう。
　さらに、元保護者でもある保育者のわっしーが、手のひらでパンとたたくとよもぎの香りの増すことを知り、その不思議さに感動している姿も印象的です。おとなが、子どもとともに体験していることに心を動かし、それを素直に表現することが、3歳児の保育をより豊かにしているように思えます。こうしたおとなのワクワク感が散歩にいろどりを与え、いつもの散歩道が、新しい発見の宝庫であることを子どもたちは学んでいきます。
　続きを見てみましょう。

　1回の説明で子どもたちはよもぎがどれかわかるようになりました。すごいですね。何千もある野草の中からよもぎを見分けて摘んできてくれます。図鑑や本で見るよりも五感を使って覚えるとすんなり頭に入っていくのでしょう。じんく

んは「上だけ摘むと余計にやわらかいよ」の説明もちゃんと覚えていて、新芽の部分をちょっとだけ摘んでしっかり持っています。ゆうやくんはとなりにある動物園が気になるけれど、手にはちゃんとよもぎをにぎりしめています。ももかちゃんとさわちゃんとあやかちゃんはビニール袋いっぱいに3人で摘んでいました。はるなりちゃん、そうたろうくん、ひろのすけくんはもう動物園に入ろうとしておじさんに止められています。ゆか（保育者）「動物園じゃないでしょ」というと、そうたろう「だってここにあるもん」と小学生のようなごまかし方をしていました（笑）❶。

❶ 同前。

　自分でよもぎの葉を見分け、その葉を自分でとれるようになること。それがどんなに楽しいことか、新芽のやわらかさの説明さえも聞きもらさず、手先にまで気を配ってよもぎを摘むじんくんの姿から伝わってきます。図鑑や本からだけでは得られない知識や経験が、子どもたちに直接、身体を通してたくわえられていくことがどんなに大切か、3歳の担任は知っています。知性の基盤が、このような直接の体験にあることを、保育をつくる際にはけっして忘れてはならないでしょう。

　また、園からすぐ行けるいつもの「くさっぱら」が、この日は、こぶた組占有の「よもぎ摘み会場」になっているわけですが、そのすぐ横に、いつもの動物園が（当たり前ですが）、いつもと同じようにあるわけです。ほぼ毎日このくさっぱらに通う子どもたちですから、「ちょっと寄っていくか」くらいの軽い気持ちで、動物園に入ろうとしたのでしょう。ある意味お約束通りの子どもの逸脱行動に、これまたお約束通りに「動物園じゃないでしょ」と注意をうながす保育者がいる。この子どもと保育者とのやりとりに、私たちは、思わず笑ってしまいます。

　こうして楽しい気分が続く保育環境として、3歳児が自分勝手にぶらぶらできる行動の範囲が相当広めに設定されています。「**子どもとつくる**」3歳児の保育では、こんなふうな自由度の高さが大切でしょう。由佳さんいわく、「ダメなことはダメと伝えるんですけど、心の中では"仲間といっしょにワクワクして試してみたんだね、そういう経験がきっとこれからのあなたの役に立つね、うんうん、よくやった。いろいろ学んだでしょ？"と思っています」とのこと。子どもが保育者を見て、「**口では叱っているけど目は許してくれている**」と感じられる距離感が重要なのかもしれません。

ひとくちメモ
3歳児保育に求められる「いい加減」とは、子どもをおとなの決めた枠の中に閉じ込めておくことではもちろんありませんが、かといって、どこまでも線を引かない子ども任せのかかわりでは、むしろ子どもの育ちは保障されないことがわかります。ダメと言われる線があるからこそ、「線を踏み越えおとなに叱られるような能動性」を発揮することもある3歳児。わかりやすい制約を設けることで、子どもたちが自分たちのアイデアを駆使できる空間的時間的余地が生まれ、時に「ギャングのようにふるまうことを試す」ワクワク感が生成されていくのでしょう。

「食の創造」に参加する

では、摘んできたよもぎを、園で調理する場面に進みましょう。

いよいよよもぎだんごをつくります。よもぎをキレイに洗ってゆでます。漢方のような香りが部屋中に充満します。たくまくんとけんしんくんの顔がくもります。「何食べさせるのー？」という顔です。

みんなでゆでたよもぎをすりばちとすりこぎでゴリゴリ……します。包丁でこまかく切ったのにゴリゴリしてもなかなか小さくなりません。そこでミキサーでさらに小さくしました。その後も、もっち（保育者）がすりこぎでゴリゴリしました。かなり小さくしないときれいなよもぎ色が出ないのです。ゴリゴリはもっちに任せて、みんなはおだんごづくりをはじめます。

だんご粉をボールに入れて、水を少しずつ入れていきます。さらさらから少しずつ変化していくのがおもしろいらしく、今までになんにもしなかったとっしーがやってきました。おだんごづくりはみんな泥だんごづくりでお手のものです。はるなりちゃんは見かけによらず大胆で、顔ぐらいのおだんごをつくってました。それは火が通らないので、わけて小さくしていただきました。

「このくらいのサイズだよー」と言うと、あっという間によもぎだんごをつくってくれました。中にはヘビだんごも入ってました。

おやつの時間に、あんこ、きなこ、みたらしのおだんごバーにしていただきました。自分たちでとってきたものが形を変えてこんなおいしいものになるなんて、こんなごちそうはありません。みんな山ほど食べました！ ⓱

❼ 同前。

以上が、3歳児クラスになったばかりの時期に、散歩でよもぎを摘んできて、そのよもぎを子どもと保育者ですり、だんごをつくって食べるという保育実践です。ここでは、「よもぎを摘み、だんごをつくって食べる」というおおよその見通しだけが、ざっくりと予定されています。

動物園の誘惑にちょろちょろと脱線する様子からして、よもぎ以外のことに目を奪われる子どもの姿も、もちろん多々見られたことでしょう。むしろ、よもぎに集中している時間は、全体を通しては、とても短いのかもしれません。でもだからこそ、3歳の子どもの身体や心の動きに合わせた

瞬発力のあるワクワク感が生まれ、計画にしばられすぎない柔軟性が子どもの能動的な意欲を引き出しているのだと思われます。

では、もう一つ、やまなみこども園の「食」にまつわる実践を紹介したいと思います。新人保育者ほっしーの「おたより」です。

　池見ばぁば（元保育者の現役調理師）の息子さんがつったというお魚の解体ショーが見られることになりました。朝の「おあつまり」で「何のお魚だと思う？」とたずねてみると、かんちゃん「シャケ！」そうくん「マグロ！」「ヒラメ！」といろいろな予想が出てきました。ワクワクしながらきりんさん（5歳児クラス）のお部屋に下りてみると、なんと50cmくらいの銀色に輝くお魚が！

　ばぁばのMy包丁で解体スタート。見事な腕前できれいに3枚におろされていきます。サワラの鋭い歯を見たときは、さすがにこぶたさん（3歳児）はビビッてましたが……（笑）。お魚はその日にこぶた組特別メニューとして、おいしくいただきました！　いろんな生き物とふれあい、いろんなことを知っていく子どもたち。これからも経験を重ね、どんどん強くたくましくなっていってくれることでしょう。⑱

⑱ 相星佑弥（熊本・やまなみこども園）「きょうのほいく」（2015年12月17日付）より抜粋・編集。

はじめて見る魚のおなか。

　4月に、自分たちで摘んできたよもぎを調理して食べる経験をした3歳の子どもたちが、12月に、大きなサワラの解体ショーを直接見て、その魚を食べる機会にも恵まれています。

　よもぎだんごづくりは、草を見分け、香りを感じ、摘んだよもぎをすってだんごに丸め、ゆで、自分の口に入れるという「食」の経験でした。こ

れは、出された給食を決められた時間にすませる「受け身で食べる」経験とは、根本的に異なっています。加えて、日常的にくり返される「食」が、どのような手順を経て自分の目の前に用意されているのか、「身をもって調理のプロセスを知る」機会でもありました。

　サラワの解体もまた、生きている姿のサワラが包丁でさばかれる様子を、こわさを含んだドキドキ感とともに間近に見てから食べており、これは、スーパーで買ってきた切り身で売られているサワラを「受け身で食べる」こととは、まったく異なる経験といえます。かつ、切り身のサワラが生き物であることを実感し、切り身になって出てくるまでの「プロセスを知る」機会にもなっています。

　私たちが生きる現在の日本社会では、「食べる」という、人間が生きていくために不可欠な、命を支え、命をつくりだす行為に「自分で」かかわることがむずかしい状況にあります。パックに詰められた肉や魚は生活を便利にはしましたが、命のあった元の姿を想像し、感謝しながら食べる機会を少なくもしてしまいました。どんなものを口に入れ、何を食べているのかがわかっていないのは、何も子どもだけではありません。おとなだって、自分がかかわる行為としての「食」をプロデュースする機会に、十分に恵まれているとはいえません。先日は、おもちつきのあと、「先生、おもちってお米からできてるんだね」と言った保護者がいたことを、ある園長先生からうかがいました。ここまでの「食」をめぐる保育実践に見てきたように、「食」の体験を子どもたちに用意することは、「子どもとともにあるおとなにとっても」大切なことです。

本日のおしごと。

column 「リクエスト給食」は民主主義のはじまり　　島本一男・大塚英生　東京・長房西保育園

　3～5歳の各クラスで、昼食とおやつのメニュー（毎月それぞれ1回分）を話し合って決め、給食室にリクエストしたり、自分たちでクッキングしたりして食べる「リクエスト給食」は、「食べる」ことに対する子どもたちの思いを聞きたいということからスタートしました。それ以前は、献立は栄養士に任せきりで、保育者たちでさえ自由に意見を言うという関係はありませんでしたが、自分たちの生活に関することは、できるだけ自分たちで話し合い、みんなで考えて決めるということがとっても大切なことだと考えたのです。
　子どもの声を聴きながら献立を立てるということは、「子どもたちとつくる生活の場」である保育園としては当たり前のことであるとともに、「子どもの権利」という視点から考えても、とても大切な活動だと思うようになりました。それは時間のかかる面倒なことのようにも感じられますが、表現したり、友だちの意見を聞いたりする力を身につけ、民主主義を学んでいくことにもつながる大事な機会であることを意識するようになりました。

3歳児クラスの「リクエスト給食」のねらい

- さまざまなメニューを知り、食べたいものを考え、言葉で伝える。
- どこでだれが給食を作っているかを知り、給食の先生と仲よくなる。
- 頼んだものが提供される喜びを感じ、楽しく食事をする。
- 一人ひとり食べたいもの（意見）が違うことを知る。
- 自分の思いを表現すること、人の考えを聞くことの大切さを知る。
- 給食の先生とのつながりを深め、リクエストをする。
- 季節や食材に対する興味・関心を広げる。
- 好きな食べものを増やしたいという気持ちを育てる。

1　給食の時間に保育室で3歳児と話す栄養士。子どもたちと話をすることで子どもとの距離が近づきます。また、3歳児クラスの部屋の前に給食室があることから、子どもたちは自らの五感で、給食づくりのプロセスをたくさん感じとっています。
2　5歳児のクッキングを見学することも大切な情報提供。子どもの中にあこがれの気持ちを育てます。
3　各テーブルには1人ずつ保育者がつき、食事中の会話を大切にします。

　3歳児はまず、『給食の時間を楽しみにする生活』をつくることが大事です。心が解放されていないと、食欲もわいてこないので、思いきり体を使って遊び、おなかを空かしたり、子どもたちが食べたいと思う野菜などを栽培して給食の先生に調理してもらったりと、さまざまな人たちと気持ちよくつながり、園生活をとことん楽しめるようにすることが第一歩です。そのうえで、好き嫌いも受け止められながら、みんなといっしょに食事をすることを楽しいと感じる環境をつくる必要があります。リクエスト給食はその延長線上に考えてみてください。
　3歳児はまだみんなで話し合いをして自分たちで決めるということがすぐにはできないので、まずは絵や写真を見せながら何を食べたいか選んでもらったり、食事中の会話の中から好きな食べ物を聞き出して、「ゆうちゃんが今度、給食でラーメン食べたいって言ってるけどみんなどう？」などと話題を提供したり、小グループで話しながらリクエストを決めたりしています。
　子どもの表現力を伸ばすには、まず毎日の保育の中で子どもたち一人ひとりの思いをどのくらい聞きながら、保育しているかを意識的にふり返る必要があります。そして、一人ひとりが思いを聞いてもらった時点ではじめて、子どもたちの中に表現する喜びが芽生えていきます。そう考えると、リクエスト給食も、食育の取り組みにとどまらず、保育という大きな営みの中で子どもたちの思いを受け止めることや、いかに子どもたちが主体的に生活できる環境をつくるかという保育の根幹とつながっています。
　また、給食を作ってくれている先生と子どもたちがいい関係になるように、保育者は、給食を作っているところをみんなで見学したり、栄養士といっしょに食事をしたり、話を聞いたりしながら、うまくつながれるように橋渡しをしていくことも大切です。

③ 安心の土台から仲間といっしょの心地よさへ
――3歳児の「創造的で協同的な活動」

「幼児になったんだから」と気負わずに

　京都の**朱一保育園**3歳児クラスこじか1組は、18名中、新入園児が9名、月齢が低く（11名が11月以降生まれ）、発達に支援の必要とされる子どもも数名いました。2歳からの持ち上がり担任の四宮正恵さんと3歳からの新しい担任の岡本智之さんの2人の担任は、身のまわりのことを自分ですることがむずかしく、気持ちが不安定な子どもへの対応に追われるあわただしい4月をむかえていました。そんな中、「食」が安心の"基盤"になるようにと、新入園児と在園児に食事グループを分けています。

*ぼくの場所はどこ？
　生活面では「新入園児」たちがどの程度自分でできるのか様子を見ることからはじめました。「新入園児」が泣いて食べられなかったり、偏食がきつくて食べなかったり、あそび食べをすることが多くあり、保育者がその対応に追われてしまい、「在園児」たちが落ち着いて食事に向かえない可能性があると考えました。そこで慣らし保育の間は食事を食べるグループを「在園児」と「新入園児」の2グループに大きく分け、"在園児には持ち上がりの担任"が、"新入園児には新しい担任"がつくことにしました。
　「在園児」の子どもたちの中にも、新しい環境に緊張したり不安定になったりと、とまどう姿を見せる子もいました。じんかくんは持ち上がりでない男性保育者に対して強い緊張を見せ、持ち上がりの担任のあとを追い、いつもくっついていました。また、「新入園児」の存在もすぐに受け入れることができないようで、同じ机に座るのを拒否するなど、抵抗する姿がありました。どこに座ってだれと食べればいいのかも不安になるようで、毎日のように「じんちゃんはどこに座るの？」「じんちゃんも食べていいの？」と確認をし、「四宮先生、じんちゃんの横にきて」と求めていました。グループ分けにより、顔見知りの友だちといっ

> ひとくちメモ
> 1976年、京都市中京区に開園。社会福祉法人たんぽぽ福祉会運営。実践当時、定員180名、3歳児は2クラス編成で、各18〜19名（担任各2名）。

しょに食事できるようにしたことや持ち上がりの担任がついたことで、自分の居場所が安定し、じんかくんを含め不安定になっていた「在園児」たちは落ち着いて食べることができるようになりました。⑲

　園生活をはじめたばかりの新入園児が、家以外の場所でたくさんの友だちと食べることに不安を感じるのは当然です（第Ⅰ部 40〜42・51〜52頁）。そして在園児の中にも、じんかくんのように、「持ち上がり担任じゃなきゃイヤ」と感じたり、「知らない友だちがいるところは不安」と主張したりすることもあるでしょう。ただ、担任としてはそうした子どもの不安に気づき１対１でゆったりとかかわりたくても、現行の保育条件では保育者の手が足りず、理想の保育を行うことがむずかしい場合もあります。３歳になると保育者が受け持つ子どもの人数が多くなり、年度のはじめは、一人ひとりに十分な対応ができないとあせる気持ちを感じやすいかもしれません。

　そんな時は、岡本さんたちのように「在園児には持ち上がりの担任」「新入園児には新しい担任」と、ゆるやかな担当を設けることも有効でしょう。対応してくれる保育者がコロコロかわること自体に不安を感じる子どももいます。乳児クラスのみならず、乳児期と幼児期の接続段階にある３歳前半期には、食事や午睡など、生活の基盤となる活動において「自分の居場所が安定」し、「そばにいる人がかわらない」ことは重要です。

　２歳のときには担任が各テーブルについて４〜５人で顔を合わせて食事をとっていても、３歳になると担任は「おかわり」の場になるご飯やおかずの置いてある全体を見渡すテーブルにいて、子どものそばで食べなくなる園もあるかもしれません。でも「幼児クラスになったんだから」と保育者が気負いすぎず、３歳の前半期には、乳児クラスのような子ども一人ひとりへのかかわりを基本とするテーブル配置や保育者の役割があってもよいのではないでしょうか。

身体がほぐれる楽しさ・心地よさ

　さらに岡本さんたちは、日々のあそびにおいても「幼児クラス」という枠組みにとらわれず、目の前の子どもの姿から、「乳児クラス」でよくするあそびを取り入れました。子どもの身体がほぐれる「ゆさぶりあそび」を

⑲ 岡本智之・四宮正恵（京都・朱一保育園）実践記録「"今、目の前の子どもたちに大事なこと"を問い続けて──イメージを共有する楽しさが子どもたちを変えた」（2008年度）より抜粋・編集、子どもの名前は変更。

し、新入園児に生活の基盤となる安心感を育んでいます。

＊もう1回してもいい
　昼食後、午睡に入るまでの時間は乳児クラスではもちろん、幼児クラスでもほっこりと過ごせる心地よい時間です。新入園児と保育者の信頼関係をどのように築いていくか悩んでいた時に、この時間を子どもと保育者が1対1でゆったりとかかわる時間にできないかと考え、乳児クラスでよくやっているゆさぶりあそびを取り入れてみることにしました。ゆさぶりあそびでふれあうことで、スキンシップもでき、心を寄せることもできるのではないかと考えたのです。在園児同士がブロックやままごとをして遊んでいる中、自分はどうしたらいいのかわからないと困っている様子の新入園児のもとに近づき、「ちょっとおもしろいことしよう」と話しかけました。
　最初に声をかけたのは対人面で弱さをもっているいろちゃんでした。「いろちゃん、ちょっとごろーんと寝てみて」と保育者の前に寝ころがせ、身体全体をさすりはじめました。最初は"何をされるのだろう……"と身体を固くさせ、緊張した表情で保育者を見ていたいろちゃんですが、「♪○○○○（野菜など）がとれた〜」と歌いながらゆさぶりあそびをはじめると、少しずつ身体の力が抜けていくのがわかりました。最後に「♪さあ、食べよう！」と全身をこそばかすと「きゃあ〜」と逃げていきました。
　次はその様子を部屋の隅でじーっと見ていたちからくんに声をかけました。「ちからくん、やろうか」と声をかけると首を横に振りましたが、表情は笑顔で期待に満ちた目をしていたので、「ちからくん、やらせてぇなぁ……」と近寄っていきました。ちからくんも最初は身体を固くしていましたが、身体をさすりはじめると、こそばさでゲラゲラと笑いはじめました。1回やってみると喜んでいる様子だったので、「もう1回してもいい？」と聞くと、にやっと笑って、もう1度保育者の前に寝ころんでくれたのです。ふれあうことでスキンシップをはかることは幼児でもいい方法だなと思いました。

❷ 同前。

　身体や表情の固かった新入園児のいろちゃんやちからくんでしたが、寝ころんで、岡本さんに身体をさすってもらうことで、保育園という場が「笑って楽しんで自分を出せるところ」だと直観したのではないでしょうか。ちからくんは自分の身体に触れる岡本さんの雰囲気から、「くすぐった

くて楽しい」と感じると同時に、「この人なら大丈夫」だとわかったのでしょう。「もう1回してもいい」と気を許すようになっています。

　このように、3歳児の安心感の基盤は、言葉だけではなく、食や身体へのふれあいを通してつくられていきます。さらにここでは在園児も、「ゆさぶりあそび」で安心を感じたようです。

＊「しかたがないからやらせてあげる」というポーズ

　ゆさぶりあそびに興味をもったのは新入園児以上に在園児の子どもたちでした。新入園児にゆさぶりあそびをしていると、「やってー」「次やってー」と集まってきました。子どもたちからのやってほしいという要求にこたえることは、持ち上がりでない保育者と在園児が関係をつくっていくのにもいいのではと思い、1人ずつ順番にゆさぶりあそびをはじめました。「やってやって」と来る子もいれば、少し離れたところで見ている子、まったく興味のない子もいました。やってほしいと来る子はもちろんですが、興味はあるのだけど、少し離れたところで見ている子には「まりもちゃんもやらせてほしいなー」と保育者からお願いしてみました。保育者から頼まれると「しかたないなあー」といった表情で寄ってきてくれる子も多く、少しでも1対1でかかわれる場をもてるようにと心がけました。

　子どもたちにとって、自分だけに先生がかかわってくれる場・時間というのはたとえ幼児クラスでもうれしいようで「もう1回やって」とリクエストする子も多くいました。[21]

[21] 同前。

このように、持ち上がり担任ではない岡本さんにとって、「ゆさぶりあそび」は在園児とのつながりをつくるきっかけにもなっています。

はじめは距離を置いていた子どもが、岡本さんに頼まれてしぶしぶという感じで、でもおそらく半ばうれしそうに「しかたないな」と応じている姿には、時に「**キョトン**」としつつも自分なりの理解が進めば相手を受け入れていく3歳児の知性を見ることができます。直観的な判断の中にも3歳なりの論理が芽生えており、担任に対し「この人は大丈夫」だと心を許すまでには、自分なりに納得していく筋道が必要なのでしょう。「どうしようかな〜」とちょっと迷ってみるポーズには、「**イッチョマエ**」な誇りも見え隠れします。

「なんでもやってみたい」と自分を押し出す2歳児とは違って、「おもしろそうなものはやってみるけれど、おもしろくなさそうなものには見向きもしない」3歳児は、保育者が1対1でていねいにかかわる中で安心し、その安心を"基盤"にしながら、ようやくおもしろさに目を向けていくこともあるでしょう。

日々のあそびから劇づくりへ——つぶやきから決まったラストシーン

3歳の前半期、排泄や食などの「生活の基盤」を確かめながら安心の土台をつくってきた3歳児も、年度の後半にさしかかる11月から12月ごろになると、散歩や普段の生活の中で何かに「なりきる」ごっこあそびに夢中になります。

自分で試してみることに喜びを感じる「**探索・探究する生活**」と、絵本など保育者から伝えられる「**文化に開かれた生活**」が重なり合う「なりきりあそび」は、時として、いつもは言えないセリフが言えたり、あまりいっしょにいない友だちと仲よく過ごせたり、それまでの子どもたちの姿にはなかった「**創造的で協同的な活動**」を紡ぎだすきっかけにもなります。

岡本さんも、散歩や絵本をくり返し楽しんだ前半期を経て、冬をむかえたころの3歳児の生活発表会の取り組みとして『三びきのやぎのがらがらどん』を選びました。それは、「わかりやすくだれでもイメージをもって楽しめる」「簡単なくり返しで覚えやすい」「たたかいごっこが好きなのでたたかいの場面があるもの」だからでした。

『三びきのやぎのがらがらどん』ノルウェーの昔話
マーシャ・ブラウン 絵
瀬田貞二 訳
福音館書店、1965年

＊子どもとつくるごっこあそび〈12月2日の散歩の姿より〉

　散歩先の遊具で遊んでいると、子どもたちから自然と、当然のようにがらがらどんのごっこあそびがはじまりました。もえぎちゃんが「ガタガタゴトゴト……」と遊具を渡ってきたので、保育者が「だれだー」と声をかけました。すると「大きいやぎのがらがらどんだ」ともえぎちゃんはいきなり大やぎになったので、「ようし、おまえをひとのみにしてやろう」と保育者が言うと、少し考えたもえぎちゃんが「おっと、食べないでおくれ。もう少し待てば小さいやぎが戻ってくるよ」と言ったのです。"小さいやぎが戻ってくるん!?" と保育者は大笑いでしたが、もえぎちゃんのその一言が私たち悩める担任にすばらしいアイデアを与えてくれました。こうして担任のこだわっていた"最後は全員でたたかう"場面ができ、生活発表会での劇としての大きな形が決まったのです。

㉒ 同前。

　大きいやぎに「なりきる」もえぎちゃんが、橋の下のトロル保育者とのかけあいで、思わず「小さいやぎが戻ってくるよ」と言ったセリフから、発表会のクライマックス、最後の場面がイメージされていきます。ご存知の通り絵本では、橋を渡った小やぎや中やぎはトロルから逃れたあとはもう戻ってはこず、大やぎがひとりでトロルをやっつけます。でもたしかに、小中のやぎがトロルとのたたかいに「戻って」くれば、小中大のやぎ、みんなが舞台に立つ一幕もできあがります。担任2人が頭を悩ませていたラストシーンが、子どもと遊ぶ中から見えてきました。ここでは、絵本を楽しむ**「文化に開かれた生活」**が、子どもの「なりきりあそび」を盛り上げ、さらに子どもから発せられたつぶやきが、劇の舞台を創造していっています。

　このとき担任は、思いがけないもえぎちゃんの発想に「戻ってくるん!?」と2人で顔を見合わせて大笑いしていますが、それは、おとな同士が劇の場面について毎日一生懸命考えていた最中であったからこそ、子どもの声を聴きもらすことなくキャッチできた瞬間だったのではないでしょうか。子どものもつ豊饒なイメージを劇にしていく過程を、こんなふうに日常の保育の中で担任同士がおもしろがる余裕があれば、発表会などの行事を過剰に負担に感じることは少なくなるかもしれません。こうした保育者同士の笑いや、保育者と子どもとの響き合いは、生活の基盤が安定したうえで生成してくるものです。安定した生活（**基本的・日常的生活活動**）と、絵本か

らはじまる文化的なあそび（**文化に開かれた生活**）、おもしろいことを求めて自由に探索する楽しさ（**探索・探究する生活**）の中から、「創造的で協同的な活動」が生まれてくることがわかります。

「はずかしいけど挑戦したい」がわかる仲間たち

こうして、散歩先で「子どもたちから自然と、当然のように」はじまった「がらがらどん」のごっこあそびが、劇づくりという「**創造的で協同的な活動**」につながっていったわけですが、それは4歳や5歳の保育のような意識的で計画的な、息の長い取り組みとは少し違っています。

保育者はここから「生活発表会」に向けて、一人ひとりの子がそれぞれの「役」や「動き」にどんな思いをのせて取り組んでいるのかをきめ細かく見つめながら、「練習」をくり返していきます。ただしそこでは、本番で失敗しないことではなく、3歳のまっすぐな「自信」が舞台の上で再現されることが大切にされています。そうすることによって、3歳児らしい躍動感のある舞台が生み出され、見ている者にも3歳らしい育ちがわかり、見る者も幸せな気持ちになるのでしょう。

劇発表当日の一人ひとりの姿を、岡本さんが記録したものから、いちかくんの姿を見てみたいと思います。

強いもの、かっこいいものにあこがれるいちかくんは、当然のように大きいやぎ役を選びました。ごっこあそびでも劇の練習でも、最初から最後まで一貫して大やぎにこだわり続けたいちかくんが考えついたのが、橋をとんで渡る方法でした。その渡り方は、子どもたちの間でもあこがれとなり、他のクラスのお客さんから「おー!!」と歓声があがるほどでした。いちかくんはくり返し練習してきた大やぎ役に自信をもっており、当日はお父さんとお母さんに見てほしいという強い思いもありました。

ところが、本番の舞台で思わぬハプニングが起きてしまったのです。力が入りすぎたのか、いつもより大きくジャンプしてしまい、橋で顔を強く打ってしまったのです。顔を打ったいちかくんはそのまま顔を伏せて固まってしまいました。もともと気持ちの面で弱い部分もあり、ここから立ち直るのは厳しいかなと僕は考えてしまいました。トロル役の自分が、もう手を出そうかと思った時、まわり

ジャンプして
橋を渡る。

の子どもたちから「がんばれ！　がんばれ！」とがんばれコールが出たのです。

　そして相棒（四宮さん）はそのいちかくんを、"失敗したはずかしさはあるが落ち込んでいる感じではない""いついこうかと悩んで葛藤している様子だ"と判断し、大きいやぎをずっと選んでやってきたいちかくんの自信と、それを見てほしいといういちかくんの思いを信じ、手も出さず、声もかけずに笑顔で見守り続けたのです。いちかくんを心配して静まりかえる客席と、会場に響くがんばれコールの中、いちかくんは顔をあげて最後まで橋を渡りきりました。その姿に胸が熱くなり涙がこみあげてきました。[23]

[23] 同前。

　顔を打つという予想もしなかったハプニングに対し、まわりで見ていた３歳の子どもたちは、自分がケガを負ったかのように顔に痛みを感じていたのではないでしょうか。「失敗しても大丈夫、失敗したあとが大事」という協同のコールは、「はずかしいけど挑戦したい」といういちかくんの思いを直観した３歳児らしい仲間への応答であり、その声が、「いちかくんなら大丈夫」という雰囲気を会場につくりだしています。ここではいちかくんも、今までの自分を乗り越えたような「失敗しても折れない〈構え〉」をみんなに見せることができました。「イッチョマエ」が誇らしい３歳児らしい、「**創造的で協同的な活動**」の一幕です。

第Ⅱ部 ● 3歳児クラスの実践の展開

4 もう一つの「創造的で協同的な活動」──3歳児の「いたずら」

徒党を組んでワクワクする

　前節の実践からも明らかなように、「創造的で協同的な活動」とは、子どもたちの声を起点に、子どもたちの参画をもとに展開していく活動に他なりませんが、そもそも「**参画する**」とは、「その場その時をつくっていく一員になる」ことです。そして、人が参画の主体としてのエネルギーを高めるためには、「自分が世界に働きかければ世界は変わる」という「自分の行為」に対する肯定的で前向きな高揚感や有能感が必要です。

　といっても、これは必ずしも特別なことではなく、「**生活の基盤となる安心感**」が十分に保障されていれば、3歳児はおのずから、友だちと徒党を組んで「クスクス」とふざけ合い、時にはおとなの目をぬすみ「コソコソ」と探索し、自分たちの世界を広げていくのではないでしょうか。

　やまなみこども園の佐伯由佳さんの「おたより」には、そんな参画への意欲に満ちた3歳児が、あっちにもこっちにも顔を出しています。

＊園長室の悪さの数々……

　りーくんととっしーとまちゃきとこでらゆうたくんの4人組は何やらコソコソしております。園長が帰ってくると、手をうしろにサッと隠します。何持ってるの？　と見てみると、虫よけスプレーです。虫よけスプレーをあちこちに振りまくって空っぽにしていました。電話、パソコン、園長のお友だちからいただいたフランスみやげの紅茶にもたっぷりしみ込ませていました。電話に至っては、振りかけすぎて、プッシュボタンがかたまって、かけられなくなりました（笑）。[24]

　笑いごとではすまされないほどの「悪さ」ですが、たしかに、やまなみこども園に行くと、「客間」でもある園長室にチョロチョロと顔を出す子どもの多くが3歳児です。園長室は、2階の奥まったところにあり、次の行事の準備をする職員のたまり場でもある和室ですが、どうしてもそこに入

[24] 佐伯由佳（熊本・やまなみこども園）「きょうのほいく」（2015年6月16日付）より抜粋・編集。

りたいこぶた組の面々は、コソっと忍び込んではよくつまみ出されています。

この時は、虫よけスプレーが子どもたちの目に留まったのでしょう。3歳児同士が額を寄せ合い相談しながら、虫よけスプレーを振りまいている姿が目に浮かびます。「これかけちゃおうか？」「うんうんそうだね」「おもしれ〜」「ここもかけてよ」などと目配せしながら、「自分たちで働きかける」おもしろさを実感している姿です。見つかりそうになって（必ず見つかるのですが）、コソコソとうしろ手にスプレーを隠し、知らんぷりをしようとする浅はかな姿に、おとなは内心、笑ってしまいます。

園長室に忍び込み、何かを企んでいる様子。

ただもちろん、子どもたちはその場で、「大目玉」の「雷が落ちる」、しっかりと叱られる経験をしています。でも保育者としては、どこかでそんなことは百も承知、絶対にしてはいけないことだけれども、この経験もまたこれからの人生の糧になることを見据えています。

園長室での「悪さ」の別の場面も見てみましょう。

夕方、まいとこちゃんとももかちゃんは2人で何やら大騒ぎ！　かいちゃん（保育者）がのぞいてみるとビックリ。朱肉をあちこちにペタペタぬって自分の顔も、たたみも朱く染めています。ほっぺたを朱くして、まるでおてもやんのようだったそうです（笑）。園長室で隠れてするいたずらが、スリルたっぷりでたまらなく楽しいのでしょうネ。担任だけでなく、いろいろな人に見守られて子どもは育ちます。他の職員もきちんとしつけてくれるので安心ですネ。

園長がいても、ももはちゃんやさわちゃん、あやかちゃん、ももかちゃんは存在を消して、まるで忍者のようにやってくるそうですよ。今まで悪さをしなかった子たちも、ちびっこギャングになってます（笑）。

㉕ 同前。

園全体で、3歳の子どもたちが「自由」に「参画」し、自分たちの力を試すことができる場を「許容している」様子が伝わってきます。もちろん、こうした朱肉をぬりまくるような「いたずら」は、保育者が「これをしなさい」などと教えることではありませんし、むしろ、してはいけないこととして注意することの一つでしょう。ただ、その場にいた子ども同士が創造的に自分のアイデアを出し合い、そのアイデアを試してみて、何が起こるのかを確かめる「参画」を経験していることはまちがいありません。

「いたずら」は創造的かつ協同的な活動

　『トム・ソーヤの冒険』（M・トウェイン）や『赤毛のアン』（L・M・モンゴメリ）の主人公も、反社会的ともとらえられる体験を通して内面的に成長していきます。これらの物語が示すように、おとなからは「いたずら」とみなされる行為が人を育てていることを、私たちは経験的に知らないわけではありません。

　「おたより」につづられたこうした「いたずら」も、通常おとながやってほしくないと思う逸脱行動です。ただ、「いたずら」をするときの3歳児は、探索する意欲にあふれ、自分たちが主人公として活動していることを存分に味わっていることが伝わってきます。

　生活の基盤が十分に保障され、自分で探索する自由があり、保育者から多くの文化的資源も受け取っている子どもたちが、「自分たちだけ」で集まって何かをしてみようと「企てる」エネルギーをもつことは、4歳や5歳の保育で実現される「**創造的で協同的な**」取り組みの基底になる、大切な活動ではないでしょうか。

　こうした3歳児らしい「企み」が実現されるのは、保育者が主導する保育をしている時間ではありません。保育者の予想を越えて3歳児が「選べる余地」や「動ける余地」がまずは必要であり、「子どもが参画できるすき間」を、保育の中につくっておくことが重要だと考えられます。その場合、保育者同士が監視し合うような関係では、子どもが求めるあそびの幅を保障することはできません。保育者同士が、お互いの保育を信頼し合うことが、こうした実践の必要条件といえるでしょう。

　次の第Ⅲ部では、子どもも、保育者も、のびのびと「選び」「動ける」余地のある保育者同士の関係とはどのようなものか、どうしたら築いていけるのかについて考えていきたいと思います。

第Ⅲ部

3歳児クラスの保育をデザインする

仲間とともに保育をつくる保育者の倫理と教養

第1章
「保育はやっぱりおもしろい」を
おとな同士が共有する
―― お互いの保育を信頼し合う

　第Ⅲ部では、3歳児保育をつくりだす「職員の姿」に焦点をあてたいと思います。

　気の合う友だち、さわらずにはおれない小さな生きもの、ワクワクする物語、新しい身体の動き……おもしろいこと、楽しいことを自ら見つけ、自分の手でつかまえる。そんな「3歳らしい」生活を、どの子にも保障したい。それが、本書に登場した保育者にかぎらず、**「子どもとつくる保育」**を目指して奮闘している3歳担当者共通の願いでしょう。

　しかし、一方で、そんな保育への思いを　しぼませてしまうような困難な状況が広がっていることも見過ごすことはできません。長い勤務時間、低い賃金、過酷な肉体的精神的負担など言い出せばきりがなく、それでいて、高度な専門性が要求されるのが保育という仕事です。他職種とくらべて多い離職を防ぐためにも、労働条件の改善は必須です。ただ、こうした労働条件整備だけで、保育が続けられるでしょうか。

　おそらく、どんなに大変でも、割に合わないと感じても、保育者が保育現場に立ち続けるモチベーションを失わないでいられるのは、子どもとともにある保育に「**おもしろさ**」を感じる瞬間があるからではないでしょうか。やりがいを感じるおもしろさが、「明日もまたこの子どもたちといっしょにいよう」という保育への情熱を生み出すのだと思われます。

　そこで、本章ではまず、「保育におもしろさを見出せる」職員関係や各園での工夫について考えていきましょう。

1 「おもしろさ」が生み出される職場環境
　　──おとな同士でおもしろがる

3歳児保育の「おもしろさ」──「すき間」をつくる保育者のつながり

　第Ⅱ部でも見たように、やまなみこども園の3歳児クラスこぶた組は、あっちでもこっちでも「ワルワル」なことをしたい子どもたちでいっぱいです。子どもたちから「まっつん」と呼ばれる男性保育者の松岡佳春さんは、「いたずらをいたずらとも思っていない」子どもたちの姿を「3歳児らしい特徴的な姿」としてとらえています。子どもたちから、時には同級生のように「まつおか、そがんことも知らんと？（そんなことも知らないのか）」と言われる松岡さんの保育の様子を、「おたより」からのぞいてみましょう。

＊「ワルワル」──ほどよい塩梅の目の届かなさ
　「まっつん！　こぶたさん（3歳児）が、あそこで悪さしよったよ」
　最近、こんな言葉をちらほらと聞くようになりました。「自分がだれよりも強い！」「わたしがやるんだから」という気持ちが今子どもたちには一番あります。それは、自分たちが思うように遊べたり、広い世界にしっかりと目を向けられるようになったりしている証だと思うのです。本当にこれが3歳児の特徴的な姿だなぁと思います。園庭で僕が泥だんごをつくっている時。

　やっぴー（4歳担任）「まっつーん、こぶたさんが〜」
　まっつん「え！　どうしたんですか？　なんかやりました？」
　やっぴー「ちょっとすべり台見てん（見て！）」

　すべり台に目をやるとすべり台が水びたし。すべり台の上を見てみるとこぶたさんたちの顔が。僕の顔を見ると「キャー」と言いながら逃げて行くのです。[1]

　松岡さんが園中の保育者から、「ほら、こぶたさんがまたやってるよ」と

[1] 松岡佳春（熊本・やまなみこども園）「きょうのほいく」（2012年4月12日付）より抜粋・編集。

第Ⅲ部●

1人が飛び降れば
次々と続く。

声をかけられている姿が目に浮かびます。こんなふうに楽しい毎日を3歳の子どもたちが過ごせるのも、担任が、「他のクラスに迷惑かけないこと」や「園長先生や同僚から注意されないこと」を、それほど気にしなくてもいいからでしょう。保育者自身が「自分が思ったように保育ができる園」でなくては、子どもたちの「**探索する活動**」や「**創造し協同する活動**」は制限されてしまいます。そう考えてみると、3歳の保育に必要なことは、3歳児の担任に対する全職員からの信頼であり、「同僚からの承認」のある職場だからこそ、子どもたちの「**創造的で協同的な活動**」が3歳児にも可能になるのではないでしょうか。

　実際には、すべての職員の協力体制によって「おとなの目」が行き届いており、でも、子どもたちにとっては見つかっていないと感じられる「すき間」のような時空でこそ、3歳児は「オレたち意識」を高めていきます。友だちと肩を組み知恵を出し合い、虫スプレーを振りまいたり、朱肉を顔にぬったり、3歳児なりの「**創造的で協同的な活動**」をくり広げます。こうした保育をするためには、3歳児が「自分たちの思いつき」から「世界への参画」を果たしていく「いたずら」を、担任とともに**おもしろがる感性**をもった保育者仲間が必要でしょう。

　もちろん、幼稚園の3歳児のように、お母さんとはじめて離れた子どもがほとんどの保育室で、身動きさえできない子どももいるでしょう。すべての3歳児が、こんなふうに、担任の目の届かない空間を楽しむ4月をむかえるわけではありません。3歳児がみんな、「いたずら」の場を探して園内をぶらぶら歩いているわけでもないでしょう。でもやはり、すべての保

育者が、3歳児の思いがけない言動をおもしろいと感じられる保育の場であることは重要ではないでしょうか。

「保育がおもしろい！」を共感し合える保育者仲間

　雨が降っていても、「ビニール袋のカッパ」をかぶり散歩に出かけるやまなみこども園ですが、そんな保育ができるのも、保育者同士が、「雨の日でも3歳児と散歩をしたらおもしろい」という保育観を共有しているからです。

＊雨の日の散歩
　こぶたさんの雨の日の散歩の一番の楽しみは、まずはカッパを着ることなのです。ただただカッパを着るだけでも楽しいのです。さやかさん（保育者）が、カッパが入った箱をガバッっと部屋に広げると、水泳の飛び込み選手のように次々と飛び込んでいくのです。もうその時点でカッパはぐしゃぐしゃ。そして自分のカッパを着はじめるのですが、あまり今まで着たことがないので、うまく着れません。みんな「これ着方がわからーん」「教えてよ」と。
　ようすけも、がんばって着ていましたが、上か下かがよくわからなくって、体をへの字に曲げて、こんどは体をミミズのようにクネクネしても着ることができず、もうどうしようもなくなって、泣き顔でやっと僕の所に持ってきました。でも、1回教えるだけですぐにわかると、ようすけから「もーまっつんはせんで」と言われ、僕に背中を向けて着ていくのです。こんなふうに、3歳児が、自分のことは自分でやりたいという気持ちを気兼ねなくおとなに話せるということが、とっても大事だと思っています。

❷ 同前、(2012年6月27日付)より抜粋・編集、子どもの名前は変更。

　まっつんと山並さやかさんの担任2人が、もし「できていないことを注意し合う」だけの関係ならば、ここに見るような「心が踊り、身体が飛び跳ねるような3歳の保育」をすることはむずかしいでしょう。こうしてカッパに飛び込んでいく3歳児の姿に雨の日の楽しみを見出したり、ようすけくんがカッパをうまく着られなくても「自分でやりたい」気持ちがあることを喜ぶことができるのは、「子どもってホントにおもしろいよね〜」と子どもの育ちを共有できる担任同士であればこそだと思います。保育者が3歳児の育ちの奥深さをおもしろがる風土がなくては、楽しい保育はでき

ないでしょう。

「自分の保育はこれで大丈夫」という安心感

　ようすけくんが「自分でやりたい」けど、実際には松岡さんの手が必要だったように、3歳児にはまだまだていねいなかかわりが必要な場面があります。

　朱一保育園の岡本さんは、「ゆさぶりあそび」などで一人ひとりの子どもの身体がほぐれる時間をていねいにもち、「子どもが心地よいと感じる」生活の基盤を整える保育をしていました（第Ⅱ部134～138頁）。こうした保育実践の背景には、「子どもの姿」や「保育の中の出来事」をともにふり返ることのできる同僚や、親身になって「保育の悩み」を聴いてくれる先輩保育者の存在があります。岡本さんは年度半ばの8月、同僚の保育者に、その時の3歳児クラスで「課題と感じていること」を話しました。

　自分に自信をもち、友だちなどまわりにも目が向きはじめ、自律・自立のスタンバイをはじめるはずの3歳なのに、いつまで1対1の対応を続けるのか。あそびを通して子どもと子どもの関係をつくっていくことを大切にしたいと考えているのに、クラス集団としての高まりが感じられない。❸

　このように岡本さんは、泣けばだっこ、個別対応での「ゆさぶりあそび」という日々のくり返しに、「3歳児保育としてこれでいいのか」という迷いを感じていることを、もう1人の担任の四宮さんに打ち明けています。そして「自分のしている保育がこれでいいのか」という正直な不安を出し合うことで、担任2人は、これまでの自分たちの保育目標は、子どもたちに「保育園を楽しいと思える心を育てる」ことだったこと、そのために「1対1の対応や朝の受け入れでだっこをしてきた」ことを確認し合っています。この時の保育のふり返りによって、たとえ3歳児らしくないように思える対応でも、「今はそれが必要」「目の前の子どもたちに大事なこと」だという当該段階での保育実践の焦点がわかり、「**ぶつかり合っても大丈夫**」「**違っていても大丈夫**」だという安心感の"基盤"をつくる保育を目指せるようになっていきます。3歳児が1対1対応を強く求める時には、保育者が

❸ 岡本智之・四宮正恵（京都・朱一保育園）実践記録「"今、目の前の子どもたちに大事なこと"を問い続けて──イメージを共有する楽しさが子どもたちを変えた」（2008年度）より抜粋・編集。

「絶対に受け止める」姿勢でいることが重要です（第Ⅰ部・第Ⅱ部参照）が、こうした姿勢をそれぞれの保育者が保ち続けるためには、このように、同僚間で各保育者が担う子どもへの対応の役割を確認しておく必要があるでしょう。

　また同じ時期に岡本さんは、先輩保育者の中嶋直子さんから「部屋に帰ってくる大きな流れはできているので、のほほんとかまえてゆっくり保育すればいい」というアドバイスをもらっています。保育経験の豊富な先輩からの言葉によって、岡本さんは、「担任が安心できる存在になるようしっかり受け止める」保育に自信をもって取り組めるようになっていきます。それは、子どもたちが「自分の部屋」に帰ってこられるのは「自分たちのクラス」を理解していることの現れであり、だからこそ「大きな流れ」が生活の中にできている、つまり「3歳児クラスの子どもたちはまわりの友だちがまったく見えてないわけではない」ことをベテランの保育者から認められ、自分でも自分のしてきた保育に納得できたからでしょう。

　こうして「自分の保育はこれで大丈夫」だという保育者自身の安心感が次の保育に向かう創造性を高め、先輩保育者の助言をもとに、「平行あそび的な集団あそび」を通して「1人で遊び込みながらも、まわりには群れがあることを感じ、他人を意識できるようなあそびを大切にする」ことや、「1人になりがちな子には意識的に人とのかかわりをつくる」ことなどについても、今後の保育の見通しとして考えられるようになっていきました。このように目の前の子どもに即した**探索・探究する生活**や**文化に開かれた生活**が構想できるようになったのは、同僚や先輩と話をすることによって、岡本さんがもともともっていた3歳児保育の目標に加えて「"生活の基盤"を用意しつつ人と人とのかかわりを育てていく」実践がイメージできたからでしょう。

自分に見えている「子どもの姿」を同僚と共有する
——子どもは何を探究しているのか

　このように年度の途中で何度か保育のふり返りをし、同僚とともに実践の見通しを立てることは重要です。それと同時に、日々の保育の中で、目の前の子どもの姿をそれぞれの保育者がどんなふうにとらえているのかに

ついて、一人ひとりの子どもに即して話す時間も必要です。
　たとえば、子どもが何かに熱中している姿をどうとらえるのかは、保育者によってさまざまでしょう。2人の担任、岡本さんと四宮さんは、新入園児の2人、いろちゃん（自閉症という診断あり）とひっこみ思案のちからくんが砂あそびに興味をもっていることから、その遊び方、家での様子、今後の対応についてなどを話し合っています。
　まず、4月ごろの砂場あそびの場面を見てみましょう。

＊新入園児の砂あそびから
　在園児たちが数名で1つの山をつくったり、ままごとやレストランごっこを楽しんでいるのに対し、新入園児は1人で黙々とバケツに砂を入れることをくり返していました。
　そこで、新入園児のいろちゃんが大きなバケツに砂を入れていたので保育者も手伝ってバケツをいっぱいにし、それをひっくり返して大きな大きなプリンをつくりました。そのプリンを見て、いろちゃんは「わぁー!」とびっくりし、スコップでそのプリンをこわしました。そして保育者に「もう1回つくって」と要求します。バケツをひっくり返し保育者がスコップでバケツをたたきながら「プリンできろ、プリンできろ」と呪文のように唱えたのがおもしろかったようで、いろちゃんもまねをして「プリンできろ」と唱えていました。砂をバケツにいっぱい入れ、呪文を唱えてプリンをつくり、プリンができたらこわす。そのくり返しでしたが、いろちゃんのプリンづくりの楽しさに共感でき、いろちゃんが笑顔で「せんせい、プリンつくろう」と誘ってくれるようになりました。
　ちからくんとはプリンをいっぱいつくりました。保育者が手のひらの上にプリンをつくったのを見て「うわぁすごい!」と興味をもってくれたので、ちからくんの手にもプリンをつくってみました。それを見てうれしそうに笑顔を見せてくれたので「ちからくんもいっしょにプリンつくろう」と誘ってみました。砂場のまわりにずらーっとプリンを並べたところ、たくさんのプリンを見て在園児のひいろくんとひづきくんが「うわぁーすげぇなー」と近寄ってきてくれたので、「ひいろくんとひづきくんもちからくんといっしょにつくろう」と誘いました。3人でプリンをつくっていると、「いっしょにやってもいい?」と他の子どもも集まってきました。小さいクラスの子が寄ってきてそのプリンをこわすと「おい、ここがこわれたぞ。こっちにもつくれ!」「ちから、ここにもつくろうけ」

と子ども同士で声をかけ合っており、ちからくんの表情にも「友だちといっしょ」に楽しんでいることが感じられました。❹

❹ 同前、子どもの名前は変更。

　自分の力で形を変えることのできる「砂」を使ってどんなふうにプリンをつくろうか、いろちゃんもちからくんも自分で考え、自分の手でつくっています。これは、「砂」という素材を「**探究する**」活動でもあり、「プリンづくり」という食文化に通じる「**文化に開かれた**」活動でもありますが、徐々に友だち同士がいっしょにその場を共有する「**創造し協同する活動**」にもつながっていきます。「**１人でつくっている時間**」だった砂あそびが、いろちゃんにとっては「岡本さんと」プリンの呪文を唱える時間に変わり、ちからくんにとっては「友だちと」いっしょにプリンを並べる時間に変わっていきました。複数の「活動」の重なりの中にあるこうした砂あそびのあとで、岡本さんは、同僚の四宮さんと次のように話しています。

岡本「いろちゃん、大きいバケツでプリンつくったらめっちゃ喜んで笑顔を見せてくれました。バケツをひっくり返して『プリンできろ、プリンできろ』って言いながらスコップでバケツをたたいたら喜んでいっしょにやってくれました」

四宮「ほんま！　じゃ、今日の夕方、私もやってみるわ。ちからくんが家では、いろちゃんのことを好きって言ってるらしいで」

岡本「えっ。じゃあちからくんもいろちゃんも砂場で遊ぶのが好きやし、今度いろちゃんがプリンつくってる時にちからくんも誘ってみましょう！」

四宮「ちからくん、はずかしがりやから、自分からは寄ってきいひんけど、いつもこっちの様子を見てうれしそうに笑ってるもんな」

岡本「ほんまは友だちに興味あるし、遊びたい思いもいっぱいあるんでしょうね。ちからくんがおもしろそうやなって見ていることに気づいてたけど、なかなか手を打ててなかったから、ちょっと積極的に誘いかけていきましょうか」❺

❺ 同前。

　2人の担任は、いろちゃんが「プリンできろ」という呪文が気に入っていること、また、遠くで「うれしそうに笑っている」ちからくんが友だちへの興味をもっていることを確認し合います。そうした子どもの具体的な姿の確認から、「じゃ、次はこうしてみようかな」というアイデアを出し合い、自分がその子どもと対面するときの保育の予測も共有しています。「人と人とのつながり」をつくるという長期的な保育方針を実現していくためにも、こうした日々の保育における小さな気づきを出し合っておくことが大切でしょう。

　こんなふうに、担任同士が保育の中の小さなことを伝え合い、お互いの保育を認め合う中で、前半期には保育者なしでは動くことのむずかしかった子どもたちも、徐々に生活面でできることを増やしていきました。そして、友だちの幅が少しずつ広がっていった後半期になると、『三びきのやぎのがらがらどん』をきっかけにして、それぞれが自分なりのやぎを演じる中で自信をもち、友だちの痛みを我がことのように心配する「イッチョマエ」が誇らしい姿に成長していったのです（第Ⅱ部138〜141頁）。

　先に見たように、いちかくんが舞台で起き上がれないというハプニングの時でさえも、2人の担任が子どもを信じて待つ姿勢を共有できたのは、岡本さんと四宮さんの双方に、お互いの実践への信頼があったからでしょう。さらに、子どもたちからのいちかくんへの「がんばれコール」は、そんな保育者同士の信頼関係を年間を通じて感じてきた子どもたちだからこそ発することのできた、「何があっても大丈夫だよ」という友だちへのメッセージだったのだと思います。

② 上意下達(トップダウン)ではない保育者仲間のつながり
―― 「おもしろがる」とは「決めつけない」こと

　保育者が「**保育がおもしろい**」と感じるためには、園長や主任など、いわゆる現場のリーダーたちがもつ"保育の思想"に「対話性」があることが重要です。リーダーの資質や考え方が実践を左右することは、保育者の多くが感じていることでしょう。たとえば園長が「整然と並んでいる3歳児の姿が好ましい」と思う"子どもとの対話を制限する保育観"をもっている場合、3歳の担任が、「**イッチョマエ**」が誇らしい子どもたちのために「**無鉄砲なことに次々と挑戦する保育**」を展開することはむずかしくなります。このような園では、担任が管理職をはじめ全職員に自分の保育観を説明することから実践をはじめなければならず、子どもとともにワクワクドキドキする前に、同僚との対話をつくることに疲弊し、ルーティーンをこなすだけで精一杯になってしまうかもしれません。

　今、保育現場のリーダーに求められていることは、すべての保育者を同じ型に押し込む「管理」でもなければ、職員を同じ方向へぐいぐいひっぱっていく「リーダーシップ」でもないのではないでしょうか。そうではなく、「責任は私がとるからなんでもやってみて」と言える〈組織の責任者としての覚悟〉です。それは言い換えれば、質のよい保育を生み出すために不可欠な"保育者の育ち"をうながす〈**保育者自身の判断を許容する度量の広さ**〉だと考えられます。リーダーが全体を把握したうえで、しっかりうしろで支えてくれている「管理職としての責任」を明確にしてこそ、現場の保育者は、自らの実践に責任をもつことができるからです。

　ただ、日本社会全体の傾向と同様に、保育の場でも人間関係の「タテ」の力が強く働いている園もあるかもしれません。保育者同士がなんでも話せる関係になるためには、園長が「**対話を許容する保育思想**」をもっているかどうかが非常に重要ですが、日本の保育の場には、「園長の考え方」次第、上意下達(トップダウン)でさまざまなことが決定していく傾向もあるのではないでしょうか。

ただ、園長が「自分の意見を押しつけることなく」職員の意見を聴く体制がとりづらい場合でも、保育者はなんとか毎日の保育を子どもとつくっていかなくてはなりません。そうした現場では、実践を対話的に生成していく手段として、「ミドルリーダー」である中堅の保育者が組織を構築していくことが求められます。その園の核になるような実践をしている中堅の保育者が、保育者同士をつなぐ役割も果たすわけです。ミドルリーダーには、園長や主任に対して現場の実情を的確に伝える役割と同時に、若手保育者に対しては、保育者としての自信と自覚がもてるよう励ましながら、各実践をつなぐ媒介項としての動きをすることが求められています。"つなぐ"役割、まさに**対話的実践の要**であるミドルリーダーの力量によって、日本の保育の質は大きく左右されていくことが予想されます。

対話的保育実践を生み出す職員の役割——レッジョ・エミリアから学ぶこと

　ところで、世界中の保育研究者がレッジョ・エミリア市の対話的保育実践の中核に、「**保育者同士の対等な話し合い**」があることを認めていますが、そこには、園長や主任などの職業階層をもたない職員同士のつながりがあることはご存知でしょうか。
　3歳以上の幼児クラスでは、1クラスに2名の保育者（複数担任）、園に1名のアトリエリスタ（芸術保育者）、専任ではなく週に1回ほど園を巡回するペダゴジスタ（教育学者）が配置されています。ペダゴジスタが訪問するときは、保育者もアトリエリスタも一堂に会し、日々の保育実践や子どもの姿について徹底的に話し合います。子どもとは直接かかわらない職員同士の話し合いの時間も、「保育者の専門的な労働時間」と考えられており、こうした対話に開かれた保育者同士の対等な関係が、レッジョ・エミリア市における対話的保育実践の原動力になっています。保育者自身が「自分の考え」を同僚に伝えることが、日々の保育カンファレンスによって守られています。
　各園に管理職はいません。ペダゴジスタ（教育学者）やアトリエリスタ（芸術保育者）のように、それぞれの専門性が大切に活かされる風土は健在ですが、上意下達(トップダウン)で、実践者自身が知らないうちに保育内容などが勝手に決まっていることなどはありません。また、実践における判断のたびに管

理職の許可が必要になる「管理体質」ももっていません。一人ひとりの保育実践者が自ら判断し、実践をしています。ちなみに膨大な事務作業は市の保育課が一括して担う組織体系のため、保育現場に書類作成のための管理職は必要ありません。

現場にいない管理職者の許可を得てからでなければ何もできない管理体制下では、目の前の子どもの生きいきとした動きに合わせ、迅速に、おもしろがって保育をすることはむずかしいでしょう。つまり、保育者に保育計画や達成目標を報告させ、その通りに実施できたのかを管理するだけでは、次の時代をつくる創造的な実践は生まれてこないということです。

このところ耳にする新人保育者関連の悩みとして、日本では、「語らない新人保育者」がよく話題になります。ただ、彼女・彼らが"語らない"のは、「先輩保育者の発言の理解に努め次の発言を考えている」だけでは必ずしもないことは、理解されているでしょうか。新人は「意図をもって」沈黙していることもあります。"語らない"ことで、先輩への「疑問や異議を暗黙に」示していたり、あるいは反対ではないけれど知識や経験として共有できなかったりしています。また抽象的な議論や、保育や教育の専門用語により、対話から排除されているように感じて黙っているのかもしれません。

世界的な注目を集めるレッジョ・エミリアの斬新さは、人間の沈黙に込められた熱い思いを、余すところなく「聴く」しくみを生成し続けているところにあるのだと思われます。新人保育者も子どもも、通常の言語では表しきれない熱い思いをもって生きています。これに対して、絵画や音楽、造形、話し合いなど、「異なる言語」による対話を、メモ、ビデオ、ポートフォリオ、アート作品など、多様なドキュメンテーション（記録）によって保障するのがレッジョ・エミリアの保育実践の特徴です。見えにくい表現や沈黙に込められた思いをすくい取ろうとする対話への意志が、お互いの声を聴き合う努力につながり、それによって、それぞれの保育者の保育への情熱が耕され、良質な実践が持続していくのだと思われます。

レッジョ・エミリアから私たちが学べることは、「アート」に満ちた保育環境だけではありません。それ以上に日本の保育現場にとって有意義な教えは、**「対話的な保育実践」のために職員同士が民主的に話し合うしくみの構築**です。新人保育者や子どもの意見も保育実践に柔軟に取り入れる保育カン

ファレンスを常態化し、対話的な「保育の思想」を園全体で共有することを通して、私たちも「子どもとつくる保育」をはじめていきたいと思います。

「みくびるな」という気持ちを聴く

では日本では、**「対話的な保育実践」**はどのように実践されているでしょうか。やまなみこども園の山並道枝園長が「誇り高い３歳児」と対話的に応答する様子を見てみましょう。

３歳になると、みんなの前で「自分で名前を言う」誕生会に参加します。それまでは保育者に名前を呼んでもらい返事をしていましたが、今日はひろのすけくんがホールに集まったみんなに向かってはじめて名前を言う日です。

大勢の人の前では緊張してしまうこともあるひろのすけくんに、その日の朝、園長が言いました。

「ひろちゃん、力田ひろのすけですってちゃんと言えるかやってみなっせ（やってごらん）」

すると、この園長先生からの提案に対して、ひろのすけくんは言いました。

「やだ！　気持ち悪い！」

そして、その場から、ぷいっと離れていきました。❻

❻ 2015年12月25日、やまなみこども園の山並道枝園長から筆者（塩崎）が聞き書きした記録を、担任にも確認し編集。

練習なんてしなくても「自分で名前くらい言えるよ」「オレをみくびるな」というひろのすけくんの心の声が聞こえてきそうです。多くの人が尊敬する園長に向かって、「名前を言う練習をするなんてそんなのおかしい」とかみつく言葉に、自分だったらやりきれるという「誇り」がにじみ出ています。これもまた「イッチョマエ」が誇らしい３歳児の姿でしょう。誇らしい自分は練習なんてしなくても大丈夫なのに、自分を幼い者のように扱うなんて、たとえ園長だって許さないという勇ましい気持ちも、「気持ち悪い」という言葉には現れています。おとなの思い込みを飛び越えて、「本番でも

ないのに言わない」と、ひろのすけくんは抗議したのです。

　じつはこのエピソードをここに紹介したのは、この出来事をクスクスと笑いながら話す山並園長の「ね？　3歳児って誇り高いでしょ？　いいわよね〜」という言葉から、その「度量の広さ」を確認したかったからです。言葉通り「園の長」である園長が、自分がすすめた「練習したほうがいい」という見方に固執せず、「なるほどね、そんなふうに思うのね〜」とおおらかに子どもの反応を**おもしろがる**感覚に、改めて保育現場の「長」に必要な〈ものの見方〉を教えられたように思いました。ひろのすけくんのことを「いうことをきかない困った子」ととらえるのではなく「誇り高い3歳児」ととらえたところに、3歳児保育のヒントがありそうです。園長のこうした〈ものの見方〉の影響でしょうか、やまなみこども園の職員もまた、子どもや同僚の表現を楽しむ「聴き上手」が多く、「決めつけない」柔軟な対応をしている姿がよく見られます。

子どもたちが遊ぶかたわらで、園長・各クラス担任・給食職員が集まって打ち合わせするやまなみこども園の朝の風景。

3 複数の保育者による保育実践をつなぐ
――同僚を自慢する心もち

「いっしょに組んだ先生が合わないので、もう保育者をやめたい」という本音を、卒業して働きはじめたばかりの新人保育者から聞くことがあります。「保育は続けたいけど、あの先生と組むくらいなら別の園に移りたい」という声を含め、新人保育者が離職する理由には、低賃金や長時間労働という公にされる退職理由以外にも、保育者同士の人間関係のむずかしさが背景にあることを、保育者養成校にいると痛感します。

複数担任であることに加え、正規、非正規、臨時職員、時間パートなど、雇用形態や立場の異なる保育者が、協働して保育をつくっていくのが今の日本の保育現場です。労働が階層分化され、チームでの保育はますます複雑になっています。民主的な保育のために対等な対話的関係を保育者同士がつくりたいと思えば、各職員にはそれ相応の対人スキルが求められる状況です。

現在の日本の保育の場では、ほとんどの保育者が複数で保育をしています。自分以外の保育者のやり方や考え方に合わせて保育をする実践形態が多くなっているのは、乳児保育の拡大による複数担任体制の増加はもちろん、幼児クラスにも加配や短時間の非常勤保育者がいるようになっているからです。

つまり、いかにおとな同士の人間関係を良好に保ち、保育者仲間としてお互いに意見を気持ちよく言い合い、聴き合う場をつくれるのかが、質の高い保育を実践するための必須要件になっているということです。こうした実情に対し、複数の保育者の関係を調整する園長や主任の役割は小さくありません。

「同僚を自慢できる」保育者がよい保育をつくる

０歳から２歳までの乳児が通う**お茶の水女子大学いずみナーサリーで**菊

ひとくちメモ
2005年、東京都文京区に開所。国立大学法人お茶の水女子大学運営、定員26名。

地知子主任によって保護者向きに発行されている「いずみだより」は、職員にも読まれる「おたより」です。その一部を読んでみましょう。

　子どもたちは、風や土、都会の自然の中の動植物と馴染み合いにじみ合うような時間を生きられる生き物です。時計時間に管理されたおとなの行動や感情に（時にはむりやり）つきあわせてしまっている、という自覚を、子育て・保育にかかわる私たちは、せめて持っていたいと思います。❼

　菊地さんは「まわりにある自然とともに子どもの身体の声を聴きながら適度に休み、おだやかに暮らしていきましょう」というメッセージを親と職員に届けています。たとえば「子どもが生きる時間」を大切にしていきましょうといったこうした保育の方針を、「おたより」を通して仲間と共有できる若手保育者は、自分たちの実践の意義を日々感じられるのではないでしょうか。同じ「おたより」の中で、哲学者、内山節の次の一文も紹介されています。

　かつて農村には、「雨祭り」という習慣をもつところがたくさんありました。雨が降ってくると、その日の農作業は中止して、「雨祭り」にしてしまう習慣です。「雨祭り」を決定する役割は、たいてい村の若者組に与えられています。雨が降ってくると、若者たちが集まって、「雨祭り」にするかどうかを決め、決まると太鼓をたたいて「雨祭り」になったことを村人に告げるのが普通でした。この太鼓の音を聞いたら、村人は何人たりとも田畑に入ることは許されません。
　もちろん決めるのは村の若者ですから、農作業の忙しい時期には少々の雨でも「雨祭り」にはならず、逆に暇なときにはポツリ、ポツリ降ってきても、太鼓をたたくといった手心はあったようです。それでも「雨祭り」の決定権が、遊びたい世代の若者組に与えられていたので「雨祭り」は結構多かったといわれます。
　……時計がないからそういう方法がとられていたのではありません。村人は、このようなかたちで時間との関係をつくりだし、そのことによって、このような時間の世界を創造していた、ということなのです。❽

　これは、日本社会にあった農村での暮らしの中に息づいていた「雨祭り」の習慣が、遊びたい盛りの若者に仕事をするかしないかを決定する権限を

❼ 菊地知子（東京・お茶の水女子大学いずみナーサリー）「いずみだより」（2015年8月31日付）より抜粋。

❽ 内山節『子どもたちの時間』岩波書店、1996年／著作集第11巻、農文協、2015年。

与えていたという歴史的事実の紹介です。こんな文章を読むと、目の前のこまごまとしたルーティーンから目をあげて遠くを見渡すような気持ちになり、あわただしい子育てや保育の中にもゆっくりと思考する時間の流れを感じます。保育をする人ならば、短時間でも、なにげなく思える日常に思いを馳せる"教養"が必要ではないか、そしてその"教養"を保育者同士が共有していくことが大切ではないか、こうした保育の思想が「おたより」から伝わってきます。深読みすれば、若手保育者に対しては、「若者が責任をもち、仕事をする共同体のあり方」から自分が学べることを考えてみてください、というメッセージも伝わってきます。

　たとえば、こんなふうに、自分の読んだ本の言葉を引きながら、保護者とともに子育てや保育の意味を考えようとする園長や主任が保育現場にいることの意味は小さくないでしょう。保育者には、**保育に必要な"教養"を身につける努力を続けること**、そして、**同僚や保護者とその"教養"を分かち合うことが必要です**（第3章参照）。

　また、菊地さんの恩師でもあり、日本を代表する保育研究者の津守眞さんも、保育者同士が自分の「思い」を伝え合う大切さについて、次のように述べています。

　人がある行為をするとき、そこには思いが込められている。私は行為から思いを読み取る。人がある言葉を語るとき、そこには思いが込められている。私は言葉から思いを読み取る。行為から読み取るときには、それを一度私の言葉にするから、彼が言葉にするときとは違う。言葉から読み取るときには、思いは彼の言葉になっている。私は彼の言葉から、彼の思いをさらに読み取る。
　一人の実習生がK夫のパンツをはき替えさせる大変さについて語るとき、そこにはその実習生の思いがある。別の人が、K夫が他人から見られるときの恥ずかしさを語るとき、両者の思いが重ねられて、聞く私共の理解が創造的に展開する。世界は表現に満ちており、創造的に展開するときを待っている。❾

❾ 津守眞『保育者の地平——私的体験から普遍に向けて』ミネルヴァ書房、1997年。

　つまり保育とは、同僚との話し合いを通して自分には見えていなかった側面があることに気づき、自分とは異なる側面から事物を見ている同僚の視点と自分の視点を重ねながら、子どもや保育実践への理解を創造的に深めていく営みであるということです。だとすれば保育者とは、複数の視点

の重なり合いからなる知性を"教養"としてもっている専門家ということになるでしょう。

　津守眞さんの生涯のパートナーであった津守房江さんは、「"目をつぶる"ということは、"嫌なところを我慢する"ということではなく、相手のために祈ること」だと話していました。保育者がそれぞれに異なる感じ方や考え方をもっているのは当然ですが、その違いをお互いにしかたがないことだとあきらめて相手に合わせて我慢する（＝目をつぶる）のではなく、相手に見えている世界を想像してみることが大切だということです。「表現された思いは創造的に解釈されるときを待っている」のであり、異なる者同士がお互いに寛容であるために必要なことは我慢よりも想像力、「相手の身になりきって」目を閉じる（目をつぶる）時間が、多様な同僚との日々の保育を変えていくかもしれません。

　こうして津守夫妻が築いてきた保育の思想をふり返るとき、菊地さんが言った「**仲間の保育を自慢し合える人たちが質の高い保育をつくりだす**」という言葉を思い出します。いっしょに組んでいる保育者の「気になる部分」ばかりが目につくそわそわした心もちでは、3歳との保育をおもしろがることはむずかしいでしょう。保育者同士、意見や感性はそれぞれに違っていても、お互いの「思い」にていねいに耳を傾け、自分にはない〈ものの見方〉に気づくことで、**違っているからこそおもしろいと感じる機会が増え**"**自慢し合える同僚**"になっていくのではないでしょうか。

熊本のさくらんぼ保育園では、農の営みが、保育の中に自然に組み込まれています。

同僚性から保育をとらえ直す —— 職員組織のつくり方

　近年は、こうした保育者同士のつながりに焦点をあてた「同僚性（collegiality）」という視点から保育をふり返ることが増えています。それは、菊地さんも述べていたように、保育者が同僚と良好なつながりをもっているかどうかが「保育の質」に直結するからです。子どもも、保育者も、非常勤職員も、保護者も、調理師も、保育の場にいるすべての人が、毎日通う自分の園が、自分の思いを率直に表現できる場であることを求めています。「同僚性」に配慮した園運営とはどういったものでしょうか。

　「専門職としての対等な関係が維持される」という意味での「同僚性」を確保するために、私たちが気をつけるべき点について以下、4つの同僚性の類型を説明しながら確認しておきたいと思います。

　現在、保育の世界では、保育時間の長時間化に対応する時差出勤などの勤務時間の多様化に加え、子どもの人数増加に合わせた勤務形態の複雑化（各クラスに補助で入る職員シフトの煩雑さ）や、事務書類の増加などの周辺的な業務が増え、効率的に仕事をこなすための分業化が進んでいます。仕事を時間内に終わらせるための効率化はもちろん必要ですが、それによって保育者が孤立し、あるいは小グループ化する傾向には注意が必要です。

　というのも、こうした**業務の「個人化」**は、それぞれの責任が局在化するため、本来は全職員で考えるべき課題であっても、担当から外れた保育者が状況を把握し、責任をもった発言をする余地をなくしてしまうからです。各課題は、すべての職員による情報共有を待つことなく、無難に処理されていく構造がつくられますが、こうした構造がいったんできあがると、とりわけ若手保育者の学びの機会が失われていることには気づきにくいものです。責任の分担化は、一人ひとりの保育者の目先の仕事の量を減らしはしますが、職員同士のつながりを分断する「個人化」の構造をもっています。保育が「人間関係そのものを扱う仕事」であるという専門性の特質から考えると、人と人とのつながりを断つ構造には、かなりの配慮が必要だろうと思われます。

　この1つ目の類型である責任の分担による「個人化」は、効率化への志向を保育者の間に深く浸透させるため、足並みをそろえ、事を荒立てないようにふるまう同調圧力が強く働くようになります。「ものを言わないほう

がいい」という気づかいや忖度が、他の保育者に接する機会や学び合う可能性を減らし、現状維持のための固定的で保守的な関係をつくることがあります。自分の意見を表明する場を失った人間関係は、同僚性を持ったつながりとは言えません。

　こうした「個人化」とは反対に、2つ目の類型として**「協働的」で家族経営的な園運営**で典型的に見られる、互いに信頼し、ともに仕事を分かち合い、打ち解け合っている同僚関係がありますが、これも万全ではありません。それは、いったん仕事がパターン化し、マンネリ化すると、親分肌的なリーダーシップに引きずられ、意見が言いづらくなる可能性があるからです。一人ひとりの保育者が自分の意見をしっかり伝える場があり、それが保育実践に反映される同僚性が働いているかどうかについては、つねに気を配る必要があるでしょう。「人の話を聴いた気になるだけ」で自分とは異なる意見に耳をかさない、自分の思い込みで判断をしてしまうリーダーの体質に拘泥しないしくみが必要です。

　以上のような「個人化」や「協同的経営」とは異なり、3つ目の類型として**「設計された」同僚性**を目指す形があります。職権によって階層的な関係を意図的につくりだし、過程より結果を重視する職員組織を目指します。これはヨコのつながりを断つ「個人化」へとすぐに至ることはないかもしれませんが、保育職を階層分化するためタテの関係を強化する「管理化」を強めます。こうして「上の人に聞いてからでなくては保育ができない」という保育現場になると、それぞれの保育者の裁量権が発揮できず、各保育者の想像力・創造力などの独創性が活かされない職場になってしまいます。

　こうした現状に対して、教育研究者のハーグリーブスは、4つ目の類型として、事前にすることが決められているプログラム化された働き方ではなく、一つひとつの課題をプロジェクトの形で共有し、目的に応じて職員のつながりを変化させる、**「多様性を活かしゆるやかにコラボする同僚性」**を提起していることは示唆に富んでいます[10]。保育の場は、一人ひとりの保育者が自分の意見を表明することができ、それぞれの意見がていねいにすくいとられる職員仲間の中でつくられる必要があるということです。こうした保育の専門性を意識した同僚同士のつながりについての考察は、今後、さらなる研究が待たれるところでしょう。

[10] アンディ・ハーグリーブス著、木村優・篠原岳司・秋田喜代美監訳『知識社会の学校と教師』金子書房、2015年。

第2章
「自分の保育」ができる意味
―― 失敗をおそれず実践し「次」を自分で考える

1 笑って保育をしていますか?――新人保育者が本音を出せる職場

　子どもの帰ったあとの職員会議では、保育者同士、一刻も早く帰れるようにできるだけ効率的に話し合いを終えたいと思っているでしょう。でも、本音を出し合うには、一見非効率にみえる雑談のような会話も大事だという指摘も、多忙をきわめる多くの保育者から聞かれます。些細なことを気軽に言い合えなければ本気で訴えたいこともなかなか言い出せないのは、子どももおとなも同じです。話し合いの中身を豊かにしていくためにはどうしたらよいでしょうか。そもそもどんな人間関係であれば、正直な気持ちが言い合えるのでしょうか。

新人保育者にも保育の裁量権を渡す

　子どもたちが言いたいことを言い、やりたいことを見つけ、思いきり遊んでいるやまなみこども園の職員会議の様子をのぞいてみましょう。
　5月の職員会議、全職員が実践を共有する事例検討の際、それぞれの保育者には「みんなが大笑いする実践を書いてくる」という課題が出されました。言ってみれば"笑いをとりにいく"ような、みんなが大笑いする実践を出し合う職員会議です。それ自体とてもユニークで魅力的ですが、職

員会議だからと形式的にかしこまらず、笑いにあふれ、本音で話せる時間になることが予想され、等身大の子どもの姿、保育者の姿も見えてきそうです。

　どの園だって、忙しい保育者が限られた時間をさいて全職員で集まる会議であれば、「どうしても削れない内容」に議題はしぼりたいところでしょう。削れない話の内容とは何か。園行事のスケジュールを確認することなのか、各クラス担任が見えている子どもの具体的な姿なのか、保護者対応なのか、それとも"笑える実践"の共有なのか、「保育カンファレンス」が実り多いものになるよう各園の実情に即してテーマをしぼる必要はあるでしょう。保育者になって3年目、3歳からの持ち上がりで4歳の担任をしている米村友紀さんの「笑える実践」を紹介します。

　私は本当におなかをかかえて笑うようなことは、夕方しています。昼間にもっとできたらいいのですが、少人数になって、園の中に危険が少ない時のほうが、やっぱりさまざまなことを気にせずに、思いっきりやれています。とくに外当番の時は、他の職員や、お母さんお父さん方の目も少ない気がするので、のびのびやれます。⓫

❶ 米村友紀（熊本・やまなみこども園）「大職員会議資料」（2015年5月16日）より抜粋・編集。

　「他の職員」や「お母さんお父さん」の目が少ないほうが「のびのび」保育ができるという正直な気持ちが、職員会議で共有する記録に大々的に書かれている状況に、まずは、「こんなことを3年目の新人保育者が言ってもいいの？」と驚かされます。こうした本音が出せる背景には、友紀さん自身の「思いきりのよさ」もありますが、新人でもなんでも言える職員会議の雰囲気があることが察せられます。自分の実践について"自分の思っていること"を伝えられる職場だということです。続きを見てみます。

　たぬき（4歳児）のだれかをコンテナに入れて、「〇〇（子どもの名前）〜〇〇〜〇〇はいかがですかぁ〜」と言って、コンテナをひっぱって、他の子に売り歩きます。はい！　はい！　と手をあげる子もいれば、ちょっと距離をおきつつも、フフッと笑っている子もいるので、「買いませんか!?」とこっちから巻き込みにいきます。おなかのお肉を、もぎ取るみたいにコチョぐって売ったり、「お前、買ってくれるってよ！」と大げさに喜んだり、屋台のおっちゃんになってみ

んなでケラケラ笑って遊びました。❶❷

　大きな声で笑いながら園庭を歩く友紀さんと、クスクス笑っているうれしそうな子どもたちの姿が目に浮かびます。新人保育者にとって、他の保育者からの視線を気にしすぎずに子どもと遊べる環境があることはとても重要です。子どもを一から、身体を通して知っていく新人のこの時期には、自分の具体的な働きかけに対し子どもがどうこたえるのかを、頭ではなく肌で感じる経験が必要だからです。保育者同士の相互監視のまなざしが保育を停滞させることは、私たちがよく知るところでしょう。自分の保育に責任をもてるようになるためには、自分で判断できる実践経験を積むしかありません。

　友紀さんは、「子どもといっしょに遊びたい。子どもともっともっと楽しいあそびをたくさんしたい」とよく言う保育者です。と同時に、「自分は子どもと思いっきり遊べていないかもしれない」という不安や悩みも口にします。いってみれば、ごくふつうの新人保育者でしょう。こうした新人保育者が、子どもとともに遊び、その子どもと自分の姿をこのような記録として職員会議に提出できるのは、「何をしても認めてくれる先輩職員への信頼」と、「保育者同士のつながりへの安心感」があります。

　「自分が何をしても大丈夫」という見通しは、新人保育者にも保育の決定権や裁量権を任せる現場の雰囲気から得られるものです。新人は失敗もするでしょう。でも、大胆でおもしろい実践ができる一人前の保育者になっていくためには、つまずき、転び、叱られ、笑われ、見通しの甘さを反省する、そんな経験を重ねていくしかありません。だれもが、はじめから理想通りの保育をするわけではありません。"人間らしい弱さ"を前提にした実践が許される余裕が保育現場には必要です。

　続けて見てみましょう。3歳から担任をしている子どもたちとの2年目の春。3歳のころからしてきたコントのような「なりきりあそび」が、すっかり、このクラスの中のあそびとして定着していることがわかります。

　昨日は、ソウスケやハナが、私から帽子を取ってかぶってみせたので、「あれ!? れいな（友紀さんの同期の田口鈴奈さん）!? おつかれさまでーす。明日何する？ ごはん食べ行こー」と言ってみました。（ソウスケが）パッと帽子を脱い

❷ 同前。

発表会のフィナーレで
担任する年中組の子どもたち
といっしょに歌う友紀さん。

だら「お前、ソウスケかーい!!」と驚き、そのくり返しです。私の子どもとのあそびは、この"ボケる""ツッコむ"がベースにあります。ルールあそびとか、他にもしますが、やっぱりこのコントみたいなあそびが一番おもしろいです。

❸ 同前。

　保育者用の帽子をわざとかぶった子どもに、同僚保育者の名前で呼びかけ、同僚保育者との会話を再現してみています。続けて、子どもが帽子を脱ぐと"もとの子ども"の姿に戻ったという設定で子どもの名前を呼んで驚きます。ごっこあそびでの変身ルールが共有されている「いつも通りのズッコケ」であり、ここには心地よい「予定調和的な笑い」があります。
　この「どうでもいいような笑い」に満ちた居心地よさが、創造的な保育をつくっていく基盤には必要ではないでしょうか。そして、この３歳的なズッコケあそびを楽しむ余裕は、おとな同士がわけへだてなく、なんでも言い合い笑い合える関係でなければ生まれてこないように思われます。こうした"**笑い**"が保育の質の高さを生み出し、それと同時に、保育者の職場での居心地のよさも生み出しています。

子どもはおとな同士の力関係を知っている

　もう少し、友紀さんの記録を読んでみましょう。友紀さんといっしょに４歳児クラスを担任している山並さやかさんと、５歳児クラス担任で新人保育者の田口鈴奈さんの２人の、友紀さんとの関係がわかり、そしてその関係をよく知っている子どもの姿が伝わってきます。

　給食の片づけを、れいな（同期の保育者）としていた時に、「れいな〜」と呼びかけて、台拭きをポーンと投げました。れいなはそれをキャッチして、なんにも言わずに片づけてくれました。すると、それを見ていた桃葉（５歳児）が、「ね〜ね、ゆき、れいなと友だち？」と聞きに来ました。「え？　ああ、そうだよ」とこたえると、れいなにも同じように聞きに行っていました。たったあれだけのやりとりで、２人の関係がわかったみたいです。毎日いっしょにいるさやかさんとの関係も、子どもたちは、よくわかっています。
　勘ちゃんに打たれた（ぶたれた）康ちゃんに、「やり返していいよ」と言ってもやり返しません。"やってみろよ"という目で見る勘ちゃんと、くやしさとまた

やり返されるこわさがまざった目で、うらめしそうににらむ康ちゃんが対峙します。だれが自分より強いかなんて、わかりきっています。ゆき（保育者）「また、やり返されるのがこわいでしょ。大丈夫だよ。ゆきの前ではさっさんよ（しないよ）。ゆきが一番強いんだけん」。

すると、それを横で聞いていた鼓太朗くんが、「さやかちゃんがたぬき（4歳児クラス）で一番強いよ」と言うのです。さやかさんと相撲をしても、かけっこしても、きっと私が勝つでしょう（たぶん）。そんなことは、たぬきさんも知っています。だけど2人の関係が子どもたちにはちゃんと見えているのです。すっごく仲よくやってるんですけどね。

自分と他の友だちとの関係、私と他のおとなとの関係がよくわかっているんだと思います。だから、おとな同士の関係も重要だと思うのです。

⓮ 同前。

鈴奈さんは、友紀さんが何も言わずに投げた台拭きで机を拭きました。その様子を見て、「気を使わなくてもお願いできる間柄」がそこにあることを桃葉ちゃんは見抜いています。同じ年に保育園に就職した同期の2人は、同じ短大の出身でもあり、たしかに仲がよく、「きっと手伝ってくれるという確信のある関係」です。桃葉ちゃんも、「そんな友だちをつくりたい」と思っている時期だからでしょうか、2人の関係が気になったのかもしれません。子どもがおとなの関係をよく見ている様子が伝わってきます。

一方、先輩保育者のさやかさんは、やまなみこども園の"ミドルリーダー"、いわば園の大黒柱です。そのさやかさんの"立ち位置"を子どもたちはよく知っており、友紀さんとの関係もわかっています。「さやかちゃんが一番強い」という鼓太朗くんの正直な見立ては、園の職員関係を見事に表しています。

ただ、ここで笑ってしまうのは「すっごく仲よくやってるんですけどね」という、「自分なりには努力している」ことを付け足す友紀さんの言葉でしょう。「……ですけどね」というところに、「これでいいんだろうか」という友紀さんの迷いや葛藤も読みとれます。そうした自分なりの「思い」を抱えながらも、子どもが肌で感じている「おとな同士の関係」が重要だという自分の保育者としての意見を新人保育者が全職員の前で発言できることが、やまなみこども園の「子どもとつくる保育」を支えているのだと考えられます。

友紀さんと同期の鈴奈さん。はじめての年長組担任で、子どもたちの成長に感動！

おとな同士の信頼関係が育てるもの

　意見を言えないときに苦しく感じるのは、子どもだけではありません。どんな保育者でも、なんでも言い合え、気づいたことが指摘でき、意見を気楽に表明でき、おなかの底から笑い合える、そんな職員関係の中で保育をつくることを望んでいます。保育者が「気楽に意見を表明する権利」が認められてこそ、子どもも自分の本音を出せる。そのことがよくわかる、やまなみこども園の佐伯由佳さんの実践を紹介します。

　ある日の夕方、としの口のまわりにクリームがべったりとついています。

　　ゆか（保育者）「とし、園長室においてあったきなこブッセ食べた？」
　　とし「たべとらんよ」（目が泳いでいる）
　　ゆか「ほんと？」
　　とし「ほんと」
　　ゆか「きなこブッセおいしかった？」
　　とし「おいしかったー」（うっとり）
　　めっっ（笑）[15]

[15] 佐伯由佳（熊本・やまなみこども園）「きょうのほいく」（2015年7月7日付）より抜粋・編集。

　こっそり園長室にあったお菓子を食べた3歳児のとしくんが、証拠のクリームを口のまわりにべったりとつけたまま、担任の由佳さんに「食べた？」と聞かれています。そのやりとりだけでもおかしいですが、その場をとりつくろうとする3歳なりのごまかし方を見て、さらに笑ってしまいます。保育者が本気で怒っていないことを知っているからでしょう、としくんは、最初は「食べてない」とこたえていたものの、おいしかったかどうかを聞かれる段になって、思わず「おいしかった」とこたえてしまっています。「へへへ」という、うれしさのまざった"しまった感"が伝わってきます。

　このやりとりの背景にある、だれの許可を得ずとも保育者が自分の感覚で子どもへの対応をすることができるという「保育者の裁量権」を見落とすことはできません。「園長にお菓子を食べてしまったことを謝り、園長の

意向をうかがってから子どもに対応しなくてはならない」という"しばり"がないから、こんなに楽しくのんきな雰囲気が生み出されるのだと思います。

　もちろん、保育者の由佳さんに、子どもとつくってきた「うそをつかせきらない」信頼関係や、「本音を引き出す」雰囲気づくりの巧みさがあることはたしかです。でもそれだけではなく、「自分が思ったことを実践してよい」という保育者のもつ安定感が、子どものすることをストレートにおもしろがる気分につながり、その楽しげな保育者の気分が「うそをつききらなくても大丈夫かも？」という子どもの安心感につながっているように感じます。人の安心感やおもしろがる気分は、こうした**"個人の判断が尊重される関係"**の中からしか生まれないのではないでしょうか。

　真剣かつ愉快な〈おとな同士〉あるいは〈子どもとおとな〉の人間関係は、細やかな心の機微を直観する３歳児の経験につながり、その後の人生の糧になるコミュニケーション能力や創造性などの芽生えを育んでいます。「**子どもとつくる保育**」では、子ども「を」遊ばせる場ではなく、子ども「が」遊ぶ場をつくることが必要です。そのためには、安全を確保しつつ、子どもがおとなの目は届いていないように思える場で思いっきり自分を出せるよう、おとな同士の信頼関係を良好な状態にしておくことが重要だと考えられます。

泥んこの長靴を洗っているうちに……

② 保育者だって揺れていい ——「1人で保育してない」ことを感じながら

　3歳児に対して、ついつい「叱るだけの保育」になってしまうのは、保育者本人の力量だけの問題ではありません。保育実践の基盤としての「**園の文化や倫理**」、いっしょに組んでいる保育者との関係が大きく影響しています。保育者が、自分の困っていることを同僚に打ち明けられる状態は、どのようにつくられていくのでしょうか。

　愛知の**けやきの木保育園**では、1年を4つに区切った「期」ごとに、各クラスの「まとめ」を提案し合いながら、これまでの保育をふり返り、これからの保育の見通しを立てていく職員会議をしています。

　3歳児クラスみかん組の担任、長田朋香（現在は高江洲）さんが書いた「Ⅱ期まとめ」（8月）を紹介します。

ひとくちメモ
2007年、公立保育所の廃園民営化を受託し名古屋市中村区に開園、社会福祉法人熱田福祉会運営。実践当時、定員130名、3歳児23名、（担任2名、年度後半からは1名に）。

迷いながら、反省しながら ——保育者だって迷って当たり前

　2歳から持ち上がって3歳児クラス担任になった長田さんは、4月当初、「乳児から幼児という言葉に振り回され」たと言っています。

　とくに「着替え」は、2歳までは1対1の対応を大切にしてきたのに、3歳になると、部屋の環境を"着替え"と"あそび"のスペースに分けたため、どちらかの場所に入ってしまうと違うスペースにいる子どもの様子が見えず、「トラブルは大丈夫か？」と気が気ではない状態になってしまったそうです。「私だけを見ていてくれる時間の保障」としての"着替え"と、「幼児だからすべてを見なくてもいい」といわれる"あそび"、その双方が中途半端になってしまっているというとまどいがありました。

　こうした毎日を過ごして5ヵ月、子どもへの対応に迷う姿が、職員会議に出された次の8月の記録（「**ちょこっと記録**」）からも伝わってきます。

ひとくちメモ
保育者が1日の保育の中で印象に残ったこと、モヤモヤしたことなどを自由に記録したものです。その時の子どもの表情ややりとり、保育者の気づきや疑問を具体的に書いています。記録用紙は1週間でA4の紙1枚（実際は枠をはみ出たりすることもある）。短い場面でも、連日記録することで子どもの内面を探ったり、自分の保育をふり返ったり、「まとめ」の会議の資料として活用したりしています。

＊「ねかせ」がつらい
　午睡の部屋にて。じつはあんまり覚えてません。5～6人寝ていて、そうくん

が歌いながら入ってきて、ふとんでドレスごっこして興奮してた子たちがふとんでたたき合いになってトイレに行って、そのまま外で遊んでいて、怒って、外に出して、でも外でも遊んでいて……と怒って。少し静かにはなるけどすぐおしゃべりふざけが止まらなくなる、の悪循環でした。もう最後にはどうしたらいいのかと、情けなさとあきらめとぐっちゃぐちゃになってました。そこに八千代さんが入ってくれました。

・寝たい子も守ってあげられなかったこと
・眠たい子たちも興奮させてしまったこと
・節目でちゃんと伝えられなかったこと

ともかく、環境も私自身もいけなかったと思います。どの子もどうしたらいいかぐちゃぐちゃにさせたな、と。いろんな人と話せて考え直せました。今、みかんの「ねかせ」、ちょっと落ち着いてます。❶⓰

❶⓰ 長田朋香（愛知・けやきの木保育園）「ちょこっと記録」（2012年8月17日）より抜粋・編集、子どもの名前は変更。

「お昼寝」なのに鼻歌を歌い、ふとんの上で動きまわり、外に出しても収拾がつかない、そんな3歳児を前にして、長田さんは「じつはあまり覚えていない」ほどのせっぱつまった気持ちになり、かなり落ち込んでいる様子でもあります。他の保育者（八千代さん）が手伝いに部屋に入ってきてくれたとき、長田さんがどんなにほっとしたか想像に難くありません。ただ、この年は年度の後半から長田さんが1人担任になる予定だったため「1人でやっていかなきゃならない」というプレッシャーが大きく、もう1人の担任の和田亮介さんに頼りきれなかったこともあせりの原因の1つだったことが、この「まとめ」の中で確認されています。「自分のことでいっぱいいっぱいになって子どもたちが見えなくなって、ものすごく嫌でした」と長田さんはふり返っています。

「おもしろいことが大好き」な3歳児となかなか笑い合えず、こんなふうにいくつかのハードルを越えなくてはならないと感じている3歳の担任は少なくないでしょう。長田さんと和田さんの担任2人は、年度の途中の「まとめ」でていねいに保育をふり返り、次のような「午睡の方針」にたどりついています。

落ち着かなかった午睡の時間、ふざけてしまう子やおしゃべりが止まらない子たちへ、頭ごなしに叱るのではなく、「さっきのケンカで気持ちがモヤモヤして

いるのかな?」「早くトントンしてほしかった?」などの現象面の背景は受け止めつつも、もう一つ根っこにある願いを支えることにしました。

「嫌なことがあったのかもしれない、まだあなたは寝たくないのかもしれない、遊びたいのかもしれない、おしゃべりをしたいのかもしれない……。いいよ。でも、今ここ(みかん)は、寝る部屋だよ。遊びたいのなら、暴れたいのならここではないよ。ここは寝る部屋、みかん組は今寝る時間。がんばって寝ようと思うなら応援するよ」ということをブレずに伝えることと、寝てパワーをためて、すてきな大きな自分になれるということを伝え、そのうえで自分がどうするのか選ぶことを大切にしました。⓱

担任同士の話し合いを重ね、「目の前の子どもの姿」だけではなく、「子ども自身の願う自分の姿」を支えることに保育の視点が移っています。

もちろん、たとえば、さまざまな事情から家庭で十分受け止められていないと思われる子どもがいたときには、だれかに愛されたいというその子の願いを園で丸ごと受け止めることは絶対的に必要です。でもそれは、文化や習慣など、私たちが気持ちよく暮らすためのマナーやルールを伝えなくていいということを意味しません。むしろ、家庭での困難を抱えていればこそ、「なんでもかんでも」自分の思い通りになる世界ではないことを体感し、そのうえで自分はどんな未来を選ぶのか考えられる人になっていく機会が必要です。

子どもの"未来"を支える

この「まとめ」で長田さんは、子どもたちの「願いの形が変わってきている」ことに気づいたとも言っています。2歳や3歳の4月ごろまでは、「自分の納得のいくまで自分の気持ちを尊重してもらい、自分の中でキリをつけることでよかった」けれど、3歳の春から夏に変わる時期になると、「もう自分だけの世界ではなくなってきている」。こうした子どもたちの「願いの中に自分だけじゃなく、友だちの存在がしっかり入ってきている」変化をとらえつつ、2人の担任は、加藤繁美さんから園内研修の際に聞いた「今の姿だけで結実してしまうのではなく、どんな自分になっていきたいのかという子どもの願いの未来を支える」という言葉を思い出しました。

⓱ 長田朋香・和田亮介(愛知・けやきの木保育園)3歳児クラスみかん組「Ⅱ期のまとめ――ステキな自分になりたい!!」(2012年度)より抜粋・編集。

今、経済的な階層格差が子どもの生活にも影を落とす中、保育者は、「**今、目の前にいる子ども**」を十分に受け止め大切にしつつ、それと同時に、「**未来を生きる子どもの願い**」を支える視点ももつ必要があります。保育者自身がこんなふうに何度も迷いつつ、子どもとともにあることをあきらめない実践こそが、「子どもの最善の利益」へ近づく道なのかもしれません。記録を続けて見てみます。

一歩まちがうと脅迫の保育に陥ってしまうので十分に気をつけなくてはいけないことだと思いつつも、「オレたちみかん組」というものを意識できるようになってきた今の子どもたちだからこそ、なんでもかんでも受け止めて許していくのではなく、「今、みかん組という集団として何をする時間なのだよ」ということを伝え、そのうえで、じゃあ自分はどうするかを選びとることが、この時期の子どもたちにとっての主体的な生活になってくるんじゃないかと感じました。そして、自分でがんばりたくなるよう、よりよい自分を選び取りたくなるよう応援することが、その子をみんなの中で尊重することになっていくのではないかと感じました。⑱

⑱ 同前。

「なんでもかんでも受け止め許す」だけでは子どもが満足できないことを、保育者は折にふれて肌で感じているのでしょう。その中で長田さんたちは、自分の思う「よい自分」に向けて子ども自身が自分の道を選べるようになるためには、「みんなの中で尊重される経験」が大切だという子ども理解に至っています。友だちの中で自分のことを誇らしく思う経験の保障を目指しつつ、「Ⅱ期のまとめ」は次のように結ばれています。

おとな同士の「しまった」がいっぱいあった半期でした。でも改めて思ったのは、子どもの姿を見て、考えていけばいいということでした。見てるからこそ、毎日の中でわかっちゃいるけどがんばれないときもあるってわかる。がんばらせるばかりじゃなく、そんなときもあってもいいんじゃない？　どうする？　といっしょに考えていくことも大切にしていきたいと思いました。よくも悪くも……個性がいっぱいで全然まとまってきていないようにも見えますが、楽しいことに向かう姿はひとまとまりです。そこはブレずに信じていこうと思っています。どんな集団になっていくのか、乞うご期待です（笑）。⑲

⑲ 同前。

たとえば、ふとんの敷き方にしても、４月の時点でふとんの配置やとなり同士の組み合わせを考え、そこからなるべく動かさないようにしていました。寝る場所が固定することで安心を感じられると考えたからです。でも、実際には、早く眠くなる子どものとなりに遅くまでご飯を食べる子どもがいたりして、落ち着かない雰囲気のままでした。「だんだんに落ち着いていけるのではないか」と８月になるまで場所を変えずにいましたが、先のように午睡時の子どもたちの姿をていねいにふり返り、対応のしかたやふとんの配置を変えたことで、みるみる午睡の時間が落ち着いていったのです。長い期間、必要な変化への一歩を踏み出せなかったことを、担任同士で「しまった」ことの一つととらえていました。

　ただ、こんなふうに「こうしておけばよかった」と思う反省点も含め、担任同士が話し合えたことで、「楽しいことに向かう姿はひとまとまり」という３歳児の姿も見えてきました。「おもしろいことが大好きな３歳児」は、楽しいことにはいっしょに参加できても、「おもしろくないことには見向きもしない」感性と判断の中に生きています。

　そうです、３歳児は「まとまらない」。とくに前半期には、無理にまとめる必要もなければ、実際に子どもがビシッとまとまることなどあり得ません。もし万が一、しっかりまとまっていたとしたら、「子どもの本当の声は聴こえているか？」と、むしろ自分たちの保育を見直したほうがいいかもしれないくらいです。

　でも、頭ではわかっていても、まとまっていない"はちゃめちゃ"な子どもたちの姿を見れば、担任としてのあせりもあるでしょう。そんな時には、全職員が子どもをフォローできる体制をつくる年度途中のこうした「まとめ」があれば、「子どもを信じてやっていこう」という合意が職員間にでき、「何をしているとき、その子のエネルギーが高まっているのか」など、子どものよい状態の姿についてもおとな同士が共有できる余裕が生まれてくるかもしれません。

頼りにできる事務室

　長田さんは年度の後半期に１人で担任するようになってからも、いっしょに担任をしていた和田さんや事務室の先輩保育者に悩みを打ち明け相

談しながら保育を続けています。けやきの木保育園では、「困り感」を感じている子どもだけではなく、子どもへの対応にゆきづまった保育者もまた、事務室に駆け込みます。頼りにできる事務室は、一息ついて気持ちを立て直し、人間関係の修復に向かうイメージがもてる空間です。事務室に駆け込んだ長田さんに、「1人で見ようとせず頼っていいからね」と声をかけ、「あの子たち大きくなってるじゃん！　まだまだだけど（笑）」などと励ます和田さんたち同僚がいたことで、悩んで揺れていた長田さんも「1人で保育してない」ことを感じ、また次への一歩を踏み出すことができました。

　このように、子どもの直面している貧困や発達の特性を個人のせいにする狭い見方を越え、がんばっている姿を認め合い、生まれによる制約から自由に生きられる条件を公的保育の中に整えるためには、保育者にも「この人は自分を必ず守ってくれる」と信じられる保育者仲間が必要です。そして、保育者が毎日実践している「自分の保育の価値」がまわりの保育者から認められる機会を組織的につくりだすことが、明日への希望を保育者と子どもに保障していくのだと考えられます。「すごいね、あなたの育てている子どもはこんなに育っているものね、たいしたものだね」と認められることが、保育者が保育を継続していくためのエネルギーであることについては、何度も確認し合いたいと思います。

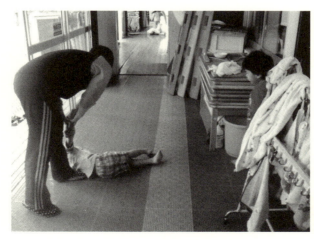

子どもも、おとなも、いっぱい揺れながら育ち合う。

第3章
大事なことについて考える保育者の"教養"
——排除のない社会に向かう「保育」の役割

1 地域に生きる保育者 ——"当たり前の日常"をこそ支える

命を守り、暮らしを支える

　2016年4月14日から、熊本県益城町を震源とする大きな揺れが、本書にこれまでたびたび登場したやまなみこども園やさくらんぼ保育園のある地域を襲いました。震度7が2度、その後も余震で揺れ続ける中、それぞれの園は、在園児の家庭に対してはもちろん、地域に暮らす人たちのために園を開放し、安心して眠る場所、温かくて栄養のある食事、シャワーやドラム缶風呂などの提供、そして全国から送られてくる物資を受け取り、仕分けし、配り、私設避難所としての役割を果たしました。

　日本列島に、地震がこないところはありません。私たち日本の保育者には、被災した場合にも、「**当たり前の日常としての保育をつくる**」使命が課せられています。保育者とは、食べること、眠ること、歩くこと、走ること、飛び跳ねること、歌うこと、描くこと、手をつなぐこと、抱きしめること、泣くこと、笑うこと、そして子どもとともに遊ぶことの専門家です。この熊本地震から私たちが学んだことは、「**生きることそのものを子どもとともにつくる保育者のいる園**」が、地域の人と人とをつなぐセイフティーネットとして機能するという事実でした。

震災後、被災の状況がやまなみこども園の山並さやかさんからインターネット（フェイスブック）を通じて発信されました。

　やまなみこども園は今も"私設避難所"として地域の方々と支え合って暮らしています。毎日三食の炊き出しを、薪と炭を燃してこしらえています。毎日の薪割りは、小中高生の出番です。みんな斧使いもだんだん上手になっていて、本当に頼りになります。高校生男子たちは男手の一員として、重い物の移動などに大活躍です。全国の保育者仲間から頂いた支援物資は、求めている地域の人にお配りしたり、中高生がさらに広範囲に支援している団体の所へ自転車で持って行ってくれたりしています。自分が年長まで受け持った子どもが、この被災時に力仕事では自分よりもうんとたのもしく、本当に保育者冥利につきます。

⑳ やまなみこども園フェイスブック（2016年4月20日付）。

　避難所となった「くじらほーる」（遊戯室）には、益城の家が全壊した乳呑児を抱えた親子もおり、余震の続く中、なかなか眠ることのできない母と子が、保育者がいっしょに泊まり込む園のホールで安心して休むことができたといいます。

　さくらんぼ保育園も、大きな揺れのあと、直ちに遊戯室を地域へ開放しました。小学生になった卒園児の家族が避難してくれば、「大丈夫、いつでも来てよか」と建川美徳園長をはじめ子どもを抱えた職員も総出で地域の人を受け止め続けました。それぞれの家族が肩を寄せ合い涙ながらに食べたカレーやみそ汁、から揚げの味は、保育園という場に癒された記憶とともに、市民同士がつながることの意義を、私たちの社会に問い直しています。

　両園が避難所としての役割を果たす中、やまなみこども園の保育者になって4年目の田口鈴奈さんと5年目の渡邊未惟さんから、次のメールが届きました。

　今も地震くるんじゃないかって常にビクビクしています。アパートにはこわくて帰れず、くじらほーるに住んでます。でも、くじらほーるに避難している子どもたちから元気をもらうし、"守らなん（守らなくちゃ）！"って地震を体験して気持ちが強まってます。そして、この園に出会ってなかったら、今どんな状況になってるかわからないって本当に思うし、チームワークと保育関係者の方々のあたたかさをとても感じます。まだ、気が抜けないけど、希望を持ってまた、お散

避難所として地域に開放されたさくらんぼ保育園の遊戯室。

歩とか楽しい暮らしができるのを楽しみにしてます。

　　　　　　　　　　　　　　　　　　　　　　　　　　鈴奈[21]

[21] 2016年4月19日付メール。

　園のまわりを散歩の下見に歩いてみたら、散歩道はガタガタだし、散歩してる時に地震が来たらこわいなぁーと思うとこがいっぱいだったよ。なんだか心臓が痛くなった。散歩道がガタガタになって通れないのはとっても寂しいし悲しいけど、こんくらいでへこたれとる場合じゃないなって思ったよ。
　地震が起きてからずっと園におって毎日いろんな人が物資もってきてくれたり、子どもが顔見せにきてくれたり、保護者は「みんなの顔見てほっとしたぁ」っていろんな不安があって涙がでたり、「やまなみがあってよかった」って言ってもらえたり。ちょっとでも今自分たちにできることがあればいいなと思って過ごしてきました。
　地震からいろいろ感じて改めて人とのつながりの大切さを学んで、やまなみこども園はやっぱほんとにすごいと思った。どれだけの人がつながって助け合っているのだろう……って。いつもと変わらない子どもの声が聞こえて……みんなでいっしょに遊んで、いっしょにご飯食べて、いっしょに寝て、朝が来たのをみんなで喜んで、助け合って過ごしたように思います。れいなちゃんと"やまなみ"が職場じゃなかったら自分たちはどうしてただろうねって何回も話したんだよ。いろいろなことがあるけど、ここで働けてよかったって本当に思います。がんばります。

　　　　　　　　　　　　　　　　　　　　　　　　　　末惟[22]

[22] 2016年5月5日付メール。

　日常にある職員同士のわけへだてのないつながりこそが、被災時に活躍する保育者を支えています。日々の保育の中で、子どものことを懸命に考えるおとな同士であれば、それが災害時の人と人との連帯の基盤となり、だれにでも開かれた地域防災の拠点になっていることがわかります。
　学校の広い体育館とは違い、子どもたちの午睡の場にもなる遊戯室は、公的な避難所ではなくとも、実質的に非常に有効な避難所としての役割を果たしました。社会的排除のない、「助け合い」の関係を地域に生み出す機能を、「いつも子どもの育つ場」である園はもっているということです。被災地では、支援にアクセスしづらい人や、援助の枠組みからこぼれる人の声を聴くことが避難格差を生まないためにも重要ですが、保育の場は、緊急時におけるそうした**社会的排除を防ぐ防波堤**としての役割を担ってもいました。

子どもたちをドラム缶風呂に入れる未惟さん。

文化を生み出す意志を育む"教養"

やまなみこども園の佐伯由佳さんは、再開した保育の中で次のような状況を報告しつつ、保育者としての心境を語っています。

土砂降りのこの日も行われた炊き出しで満腹の子どもたち。デザートにほっぺがおちるほど甘い焼き芋をほおばる（4月27日）。

　まだまだ余震が続いていますが、子どもたちと暮らしていると震度3くらいは気づかないほどです。「震度3よりうるさい生活していたのね」と笑いあったほどでした。みんなでリズムをしました。身体を動かして、歌をうたいました。たくさんの歌が身体にしみわたり涙が流れてきました。
　「はじまりのうた」は職員のもっちと啓さんが数年前につくった歌です。あの大きなゆれから、なんど、私の心の中で流れたことか……。支援物資の段ボールを運ぶとき。「家が半壊です。もう住めない。でも命があるから大丈夫。」そういって笑うお母さんと話すとき。裂けてしまった散歩道を子どもたちと歩くとき。いつもこの歌が私を励ましてくれました。
　♪はじまりの歌うたおう　僕らの新しい物語　明日へと響け　未来へと響け　高らかに♪[23]

㉓「熊本保育問題研ニュース」No.287、2016年5月14日発行。

「あの大きな揺れがまたきたら今度こそ命はないかもしれない」「自分たちはその時子どもたちを守りきれるだろうか」と不安を感じながらも、それでもなお保育者たちは、親の安心の拠り所でもある「笑いのある保育」を子どもとともに懸命につくりだしています。そして支援物資を運び、オムツを代え、食事の準備をし、家が半壊になった保護者を励ます、そんな生活の基盤をつくりだす最中にこそ、文化に開かれた活動としての「リズム」や「うた」が、保育者と子どもを支えていることがわかります。「子どもが遊ぶ保育」に向かう努力が私たちの暮らしそのものを支え、そのあそびへのエネルギーが、人間らしい思考やふるまいにつながっています。

　今日の午前中は学童の子どもたちもいっしょにリズムをしました。子どもたちはハツラツとリズムを楽しんでいました。身体と心が音楽を欲しているんですね。やっぱり音楽ってすばらしい。リズムのあとは昨日まではなかった子どもたちの鼻歌が聞こえてきましたよ。[24]

㉔やまなみこども園フェイスブック（2016年4月22日付）。

余震の中でも、リズムに合わせ身体をほぐし、馴染みのうたを心ゆくまで心地よく歌うことで、子どもたちはおのずから「鼻歌」を歌いはじめています。衣食住が確保されるだけではなく、美しいピアノの音色に乗って思いきり手足を伸ばして飛び跳ね、大好きな啓兄ともっちが手間ひまかけて心を込めてつくったうたを大きな声で歌えた気持ちよさで、子どもたちは心底安心したのでしょう。

今年度の3歳の「こぶたさん」たちも、他の年齢の子どもたちにまじってうたを歌い、泥だんごをつくり、お散歩に出かけ、温かい食事をとり、時おり大きな音にビクっとしながらも、今起こっていることを全身で感じています。とてもこわいことが起こったこと、それによってまわりのおとなたちがとても深く傷ついていること、そんな中にあっても、大好きな保育者が自分たちを守ろうと必死に走りまわってくれていることを、3歳の子どもたちは、言葉を越えたところで、直観的に、正確に、受け止めています。

被災時には、「**生活の基盤をつくる活動**」はもちろん、子どもが自ら「**探索・探究する生活**」も必要です。そしてじつは「**文化に開かれた生活**」の再開が子どもたちに非常に大きな安心感を与えていることを、私たちは忘れてはならないでしょう。芸術・文化は一人ひとりの「ユニークな生」を励まし、それと同時に、ともに生きていることを喜び合う「共同への意志」を生み出しています。

保育研究者で東日本大震災後、地域の保育者とともに復興に向けた取り組みを続けている磯部裕子さんが、「肩まで水につかりながら子どもたちを守り抜いた」保育者たちが感じていたことを記した次の指摘からは、「保育」とは何か、社会の中で子どもを育てるとはどういうことか、保育者に必要な専門性とは何かなど、私たちがこれから考えていくべきことの輪郭を浮かび上がらせてくれています。

保育は生活そのものである。このころ、保育者が何よりも取り戻したかったのは、子どもたちの日常である。あの穏やかな子どもの時間と当たり前の生活を取り戻したい。保育者と子どもが共に園での生活を送り、遊びを中心とした保育を行いたい。それが保育者たちの一番の願いだった。

いつもの仲間でいつものリズム、いつもの笑顔（5月7日）。

㉕ 磯部裕子『震災と保育1』ななみ書房、2016年、27〜28頁。

被災した園を慰問にくるあまたの音楽演奏、人形劇、マジックショー、寸劇、どんな支援もありがたいものではあったけれど、子どもたちが「ゲストの予定に合わせた生活」を余儀なくされるイベントが負担になってきた時期があったという事実に、胸が痛くなります。本当に必要なことは、「**当たり前の衣食住**」の充実とともに、「**生活から切り離されることのない保育者が生み出す本物の文化**」だったのではないでしょうか。子どもとともに毎日を生きる保育者こそが、暮らしの中で途切れることのない文化の担い手に他なりません。

　何にもなくなったのだから、何でもいいだろう。という発想ではなく、このような状況下だからこそ、子どもたちには良いものを、本物を届けよう、と考えた。キャラクターの絵本ではなく、質の高い絵本を。安物のブロックではなく、本物の積み木を。全国の皆様には、物資の支援をお断りし、現金の支援をお願いした。[26]

[26] 同前、25～26頁。

　最終ページのない絵本や使い古したおもちゃなどの支援物資が届く中、「本物」の文化財こそが必要だと感じる"教養"を保育者はもっています。「保育」とは、子どもを抱いているだけの片手間でできる仕事ではありません。命を守り、文化を育む、尊い仕事です。日常を支える保育者こそが「本物の文化の担い手」であることを、もっとわかりやすく、もっとはっきりと多くの人に示していきたいと思います。公教育に匹敵する役割を担っている公的保育の文化的価値をだれもが認める見識こそ、地震の多い大地に暮らす私たちには必要だと思うからです。

子どもとともに希望を紡ぐ

　東日本大震災前から東北の釜石に通い、私たちのもつ「希望」について考えてきた「東京大学社会科学研究所希望学プロジェクト」のグループが、震災後、被災体験のインタヴュー分析から「過去に挫折を経験した人ほど、未来に希望を持つ傾向があった」ことを報告しています。「挫折を経験し、それをくぐり抜けてきたという自負を持つ人ほど、現在希望をもって行動して」[27]いるという事実から、子どもとともにある私たちが学べることは少なくありません。

[27] 中村尚史・玄田有史編、東大社研編『〈持ち場〉の希望学』東京大学出版会、2014年、3頁。

由佳さんは「いつもの散歩道」が、地震によりひび割れた様子に衝撃を受けつつも、次への希望を失っていません。

サイクリングロードに残った地震のつめあと。

何があっても、涙が出なかった。命があるし家族も、やまなみの子どもたちもみんな無事だし。でも、サイクリングロードを見た。そのあまりの衝撃にもう一度見に行った。もうだめだった。涙が後から後からこぼれた。

いつも子どもたちと歩いた。笑いながら走った。子どもたちのかけていく後ろ姿に「まって〜」と声をかけるのが私の日常だった。夕方の散歩道、江津湖に落ちる夕陽を子どもたちとながめながら歩くのが大好きだった。

こんなことが起こるんだといまだに信じられない。いつまた地震が起こるのかわからない不安と恐怖の中それでもやっぱり前へ進んでいこうと、やまなみこども園も復旧作業をはじめた。

何をしていけるのだろうか？　そう思った時やっぱり私たちが強く生きていくことがなによりの恩返しになるのではないかと思った。子どもたちとともに。

サイクリングロードだって、時間がたてばきっともとに戻してくれるはず。きっと大丈夫。私も少しずつ前に進もう。子どもたちと。

❷⓼ やまなみこども園フェイスブック（2016年4月18日付）。

「当たり前の暮らしを大切にする」保育者が、「当たり前」を失ったと感じる時に気づく痛みの大きさが伝わってきます。でも、そんな痛みの中にあっても、「子どもとともに前に進む」ことを由佳さんはあきらめていません。そして、挫折と感じるような痛みの中でも、何度もくり返し「子どもとともにある」ことを心の支えにしています。火をおこしご飯をつくり、子どもたちと「おいしいね」と言いながら食べ、うたを歌い、絵本を読みながら、「いつもの散歩道」をまた子どもといっしょに歩ける日を想像する保育者の姿に、私たちは希望を感じます。人を育て、命をつなぐために、困難から逃げ出さず"教養"を創造し続ける保育者が全国各地の保育園や幼稚園にいることが、私たちの社会の希望です。

ひとくちメモ

2015年度の3歳児クラスを担任した由佳さんと相星さんは、ともに4歳に持ち上がりました。進級直後、地震を経験した子どもたち。地震後に描いた絵は「もっとダークな色になるかな……」という保育者の予想に反し、「ほんとに楽しい絵」ばかりで、おとなたちを元気づけました。

「えづこで水あそびしてる。いしがいっぱいあった。はっぱも。たんぽぽもいっぱい。みずがきもちよかった。」（れいな）

2 保育の場で耕す社会正義
——すべての人の「その人らしさ」が守られる世界へ

自分らしさ（アイデンティティ）はどうつくられるか

　最後に、Family pedagogy（家族教育学）を専門とするベルギーの研究者、「多様性」をキーワードに活躍しているミシェルさん（Michel Vandenbroeck, Ghent University, Belgium）から聞いた、ヨーロッパの保育実践を紹介します。ベルギーのブリュッセルという街は、移民の多く暮らす地域です。そのブリュッセルで母親から受けた次のような相談に、ミシェルさんは言葉を失いました。これまで研究してきたどんな専門書を開いても、その問いにこたえられない自分に気づいたからです。

　ブリュッセルで暮らしている3歳の男の子が、保育園から家に帰ってきてその母親にたずねました。

男の子「ねえママ、ぼくはトルコ人じゃないでしょ？」
母親　「……どうして？」
男の子「トルコ人じゃないよね？」
　　　「だって、ぼくはきたなくないもの。ぼくたちはきたなくないでしょ？
　　　　ねえ、ぼくはトルコ人じゃないよね？　ぼくはだれなの？」

　トルコからの移民である母親は、すぐさま、保育園で何があったのかを察しました。ベルギーでの暮らしの中で、トルコ系住民に対する侮蔑的なまなざしや、住居選びや就職に際して受ける差別的扱いを日常的に感じている母親が、息子の言葉から、園で起こった子ども同士のやりとりを想像することはむずかしくありません。
　おそらく、3歳の男の子は、「おまえはトルコ人だ」ということを悪口として言われたのでしょう。そして「トルコ人はきたない」とも言われたことは、想像

に難くありません。しかもこの男の子は、自分が、トルコ人であり、トルコ系移民であるとは夢にも思っていません。自分がだれであるのかの確認の途上にある彼には、なぜそんなことを言われるのか、純粋にわからないのです。

母親は、「私たちはトルコ人であることをやめることはできません。トルコ人であることを誇りに思っています。でも、息子はそのことで悪口を言われている。これから、自分がトルコ人であることを知ることが試練になるなんて、どうしたらいいのでしょう……」とミシェルさんに相談しました。

トルコ系移民の母親からの相談を受け、子どもたちの中にある「差別的なまなざし」の萌芽に気づき、どのように対応すべきかを考えました。もちろんそれまでの日々の保育の中でも、差別をしてはいけないこと、みんなが仲よく暮らしていけることを伝える努力は園でもしています。「多様性」の受容が大切であることも理解している保育者がすでに実践はしています。でも、現実には、それだけでは解決できない課題があるのです。[29]

ミシェルさんからこの話を聞いたとき、「自分らしさに誇りを持つ」3歳という時期に、自分の出自（アイデンティティ）がまわりの人たちから祝福されていないことを知るつらさは、人間にとってどれほどの苦しみになるだろうかと、胸のしめつけられる思いがしました。と同時に、ミシェルさんの言う通り、こうした事態にこたえられるだけの保育理論を、私たちはもっているだろうかと自問せずにはいられません。「イッチョマエ」が誇らしい3歳児の育ちを支えることは、「多様性」の承認が当たり前になった現在の社会でも、それほどたやすいことではないことを痛感します。

価値の多様性と人間らしさを承認し合う倫理
―― 対話をあきらめない保育実践の意味

現在、多くの移民や難民がヨーロッパの西へ向かって移動している姿が、くり返し報道されています。家族で小さなボートに乗り、命がけで大海に漕ぎ出す移民がたくさんいます。そんな中、3歳の子どもが海にのまれ、浜辺に遺体として打ち上げられた痛ましい事故がありました。その子どもの映像が、ヨーロッパ西側諸国の移民受け入れを促進したことは記憶に新しいところです。パリ、そしてベルギーでのテロ事件以後、移民の受

[29] ミシェル・ヴァンデンブロック、環太平洋乳幼児教育学会（PECERA）第12回神戸大会講演、2011年。

け入れはますます困難をきわめていますが、基本的に、子どもが暮らせないような地域に人を追い返すことが人道的な選択だとはだれも思っていません。移民・難民の命が守られるよう、最善の道を模索することが続けられています。

　ただし、移民政策として「移民の"受け入れ"」を選択した地域でも、問題はそれだけでは解決しないことが、先の事例から読み取れます。自分のアイデンティティが原因で日常的に傷つけられる子どもの苦しさに、また、自分の子どもが「ぼくはだれなの？」「わたしは何者？」と自分の存在のあり方に苦しむ姿を見る親の悲しみや怒りに、私たちはどれほど考えをめぐらせてきたでしょうか。

　まわりの人からの承認をへて自信満々に自分をつくっていく３歳児が、"その人がその人である"アイデンティティを否定されるまなざしにさらされ続けて育っていいはずはありません。でも、自分とは違った感じ方をし、自分とは異なる文化をもった移民を排斥したいと思う人たちが社会の中にいることもたしかです。社会的な移民排除の雰囲気を子どもたちは敏感に感じ、自分の存在の基盤が揺らぐような不安をもつことでしょう。人が自分らしさを培うことに多大な困難を背負わされる社会であることに、私たちはどう向き合っていけばいいのでしょうか。

　これは何も、ヨーロッパだけの問題ではありません。人を傷つける排除の思想は日本にも見られます。自分とは違う価値観をもった人を承認する度量を身につけることは、保育に必要な**"決めつけず、自分との違いを楽しむ"という倫理的価値観**に通じています。目をつぶり、その人が生きる世界の困難を想像することで、目には見えない貧困や差別に気づくことができるかもしれません。自分とは違う感じ方や意見をもった人と、どのように対話していくかが切実に問われています。自分とは違うものを排除しても問題は解決しません。「多様性」を認め合う社会にならなければ、戦争や紛争もなくなりません。小さな違いを大きな違和感にしない、違いに興味をもち、それぞれのおもしろさに気づくことができる「多様性」への理解が、すべての子どもにやさしい「平和な社会」を構築する基盤になります。

　世界中の子どもが平和に生きる基底には、「価値の多様性」の享受が含意されています。凝り固まった自分の考えに固執することの弊害を自覚し、対話をあきらめない保育実践を続けることが、人の命を救う世界の平和に

通じていることを、私たちはもっと意識してもいいのではないでしょうか。私たちの暮らす社会が、だれにとっても暮らしやすい地域として維持されていくためには、偏見のない、だれもが受け入れられる思想的基盤が必要です。今こそ、"教養"をもった保育者が、社会のあちこちで、排除のない社会をつくっていかなくてはなりません。すべての人の「その人らしさ」を守ることのできる保育をつくりだしていく社会的責任を、保育者は負っています。私たちの耕すべき文化的価値を、私たちおとな自身が信じ、ていねいに実践していくことが平和への道につながっていくでしょう。

「包摂（インクルージョン）への小道」を探す努力を、楽しく軽やかにできるのは、やはり保育者しかいません。とりわけ、**「おもしろいことが大好き」**な３歳児とともにある保育者は、数多くのぶつかり合いを、バリエーション豊かに、直観的に修復していく３歳児の姿に立ち会う機会にめぐまれています。希望は３歳児とともに、そこここに、ボーダーレスに存在していることでしょう。

世界は今、楽しい保育を求めています。

この幸福感を
すべての３歳児に。

あのときの3歳児保育をふり返って

「1年間ってこんなに短かったかな？」と考えてしまうくらい、保育者1年目の年はあっという間に過ぎていきました。3歳児を担任し、子どもといっしょにたくさんの驚きや発見をくり返した1年でした。日頃の子どもの言動からはいろんなあそびや楽しさが生まれ、1日1日の密度もとても濃かったように感じます。また、1年目の保育士でも正直に思ったことが言い合えるほどの職員間の信頼関係のおかげで、子どもが「やってみたい」と発信したことはもちろん、僕自身もやってみたいことを保育の中で実践していくことができました。そんな3歳児クラスを1年目に担任することができたのは、とても幸せなことだと感じました。保育者になることを迷った時期もありましたが、そんなことが嘘だったと思うくらい楽しいことを自分と共有してくれた子どもたちに感謝したいです。

(相星佑弥)

3歳児クラスを担当するのははじめてでした。4、5歳児クラスの時に楽しんできた、忍者や孫悟空など目に見えないものをめぐってのあそびは、3歳児クラスの子どもたちにはまったく通用しませんでした。こわすぎて泣けてしまうのです。どうしようかと途方に暮れている時、思いついたバレバレ変装です。田境だとバレバレなのですが、まるでカッパ・ザリガニ・ジャブそのもののようにかかわってきてくれる子どもたちです。3歳児クラスならではの楽しみ方の発見に心が躍りました。何よりもうれしかったのが、子どもたちの世界に飛び込んでいって対等に遊んでもらっている、そんな感覚になれたことです。おとなが何かを教えるのではなくて、子どもと同じ世界をおもしろがることの大切さや楽しさを感じられる1年でした。

(田境敦)

あとがき

私には、寂しく切ない思考に惹かれる傾向があります。陽気で明るい単純な論理には、どこか物足りなさを感じてしまう。こうした屈折した私の〈ものの見方〉が、この本の執筆に時間がかかった理由の一つです。シリーズの最後の出版が3歳になっていることの責任は、ひとえに私の遅筆によります。

はじめのころ、「自分という存在に鬱々となる気の毒な4歳」や、「つま先立ちの苦境の中でも背伸びしてしまう哀れな5歳」などが、私の興味を惹きつける年齢でした。でも、毎日3歳の子どもと居続ける保育者の話を咀嚼するうちに、3歳からしか見えない奇怪で豊饒な世界が見えてきて、ゆっくりと徐々に、その奥深さに降りていけるようになりました。ずっこけたり、自慢気にふるまったり、陽気にみえる3歳児が、非常に的確に世の中の理不尽さや哀しさを感じていることを「3歳とともにある」保育者は体感しています。全身で思考する3歳の子どもと、その3歳児とともにある保育者の尊厳を守ることが民主的社会の使命であることを、私は今、確信しています。

本巻制作の初期段階で実践の収集という手間のかかる作業をしてくださった服部敬子先生、多くの実践を寄せてくださった実践者のみなさん、私の力不足で紹介しきれなかった事例の中にも3歳児保育の大切な原理を読み解く示唆がたくさんありました。また尚絅短大元学生の若手保育者のみなさんから聴く「子どもの思いを感じ分ける」専門的なやさしさを知りながら、そこに応える理論を提案しきれていない自分の不甲斐なさにはくり返しがっかりしています。ごめんなさい。実践との出会いや前任校のお茶大や尚絅短大での学びが私の保育的思考の基盤であることに感謝しつつ、みなさんに近づく努力はこれからも続けていきたいと思っています。

監修者の加藤繁美先生による的確なご指摘から、保育について沈思する時間をいただきました。そして、私に辛抱強くアドバイスをし続けてくださったひとなる書房の松井玲子さん、とにかく本当にありがとうございました。私の遅筆を補う加藤先生と松井さんとのやりとりから、保育研究者と保育専門出版社の編集者が、さまざまな苦労を重ねながら、保育者を励ます本を出し続けてきた歴史が察せられました。厳しい保育現場にこそ希望の灯をともし続ける執筆と出版が日本の保育の質を高める重要な資源となり、それによって私たちの保育が子どもとともにつくられる可能性に開かれていること、その文化的な営みがこれからも維持されていくことを祈念しています。

(塩崎美穂)

監修者紹介

加藤繁美（かとう しげみ）

1954年広島県生まれ。山梨大学名誉教授。著書に『保育者と子どものいい関係』『対話的保育カリキュラム 上・下』『対話と保育実践のフーガ』『記録を書く人 書けない人』『保育・幼児教育の戦後改革』『希望の保育実践論Ⅰ 保育の中の子どもの声』（以上、ひとなる書房）、『0歳から6歳 心の育ちと対話する保育の本』（学研教育出版）など。

編著者紹介

塩崎美穂（しおざき みほ）

1972年静岡県生まれ。東洋英和女学院大学人間科学部教授。大正・昭和期の保育実践史料を読みつつ、現在の保育者の保育実践やその記録／語りから、保育者の身体的思考、倫理的感性、対話的価値判断について考えている。著書に、『保育の哲学』（ななみ書房）、『保育士養成講座12巻 保育者論』（全国社会福祉協議会）など。

実践記録提供者一覧 （出版物から引用した記録はのぞく。所属は実践当時）

佐伯由佳・相星佑弥・山本節子・松岡佳春・米村友紀・山並さやか（熊本・やまなみこども園）
三瓶莉奈（東京・平塚幼稚園）
鈴木里絵（東京・墨田区公立保育園）
田境敦（愛知・名古屋市公立保育園）
高橋光幸（東京・墨田区公立保育園）
建川明子（熊本・さくらんぼ保育園）
岡本智之・四宮正恵（京都・朱一保育園）
菊地知子（東京・お茶の水女子大学いずみナーサリー）
長田朋香・和田亮介（愛知・けやきの木保育園）

コラム執筆者一覧 （所属は執筆当時）

太田絵美子（NPO法人アーキペラゴ）
木村歩美（NPO法人園庭・園外での野育を推進する会）
宮武大和（北海道・トモエ幼稚園）
磯崎園子（絵本ナビ編集長）
島本一男・大塚英生（東京・長房西保育園）

＊本シリーズは、神田英雄・加藤繁美両氏の監修のもと、執筆を担当した研究者が、多くの実践者・研究者とともに、実践の場から学びながら、研究と議論を重ねる過程で生み出されてきましたが、シリーズ1冊目の『0歳児巻』完成を前に神田英雄さんが病に倒れ、他界されました。3〜5歳の幼児各巻については、加藤繁美氏監修のもと、神田さんの思いとそれまでの議論を引き継ぎ、新たな体制で執筆・編集されました。（ひとなる書房編集部）

＊本書には現場の保育者の手によりまとめられた実践記録、学習会・研究会等で報告された実践事例を数多く収録しています。それぞれの実践の分析や位置づけについても、保育者ご自身の考察や、園の職員のみなさんとの間で議論されたこと・確かめられたことに多くを学び、本文に反映しています。ご協力・ご教示いただいた方々に心より感謝いたします。なお掲載にあたっては、プライバシーに配慮して、個人を特定する事実関係は一部変更・割愛しています。また適宜要約・編集しています。（編著者）

カバー写真／川内松男（撮影協力／東京・世田谷つくしんぼ保育園）
カバー装画／おのでらえいこ
本文イラスト／伊野緑
本文写真提供／83・126・163・178・180・189頁：熊本・さくらんぼ保育園、101・106頁：田境敦、141頁：京都・朱一保育園、他：熊本・やまなみこども園
装幀・本文デザイン／山田道弘

子どもとつくる3歳児保育──イッチョマエ！が誇らしい

2016年7月10日　初版発行
2024年5月30日　六刷発行

監修者　加藤　繁美
編著者　塩崎　美穂
発行者　名古屋研一

発行所　(株)ひとなる書房
東京都文京区本郷2-17-13
広和レジデンス
電話　03-3811-1372
Fax　03-3811-1383
hitonaru@alles.or.jp

©2016　印刷・製本／中央精版印刷株式会社
＊落丁本、乱丁本はお取り替えいたします。